AF359078

DU PRIX DES TRANSPORTS

SUR

LES CHEMINS DE FER

DE LA BELGIQUE,

En 1842 et en 1843.

DU PRIX DES TRANSPORTS

SUR

LES CHEMINS DE FER

DE LA BELGIQUE,

En 1842 et en 1843.

PAR M. AD. JULLIEN,

INGÉNIEUR EN CHEF DES PONTS ET CHAUSSÉES,
ANCIEN INGÉNIEUR EN CHEF DU CHEMIN DE FER DE PARIS A ORLÉANS.

(Extrait des Annales des ponts et chaussées.)

—————•000•—————

PARIS.

IMPRIMERIE DE FAIN ET THUNOT,
RUE RACINE, N° 28, PRÈS DE L'ODÉON.

1844

DU PRIX DES TRANSPORTS

SUR

LES CHEMINS DE FER DE LA BELGIQUE,

EN 1842 ET EN 1843.

A combien revient, sur un chemin de fer,

1° Le transport d'un voyageur à un kilomètre ;

2° Le transport, également à un kilomètre de distance, d'une tonne de marchandises du poids de 1 000 kilogrammes ?

Telle est la question que nous nous proposons d'examiner.

Nous ferons voir que le problème est, de sa nature, indéterminé ; que sa solution doit varier avec chaque chemin de fer ; que cette solution dépend surtout de la manière dont s'opère, sur chaque chemin, la circulation des voyageurs et des marchandises ; et que, s'il est impossible de répondre d'une manière précise à la question générale que nous nous sommes posée, il est, au moins, facile d'en donner la solution pour un chemin dont les éléments de la circulation sont parfaitement connus et déterminés.

Avant d'entrer en matière, nous croyons nécessaire de définir, et de bien expliquer, quelques expressions dont nous aurons occasion de faire usage dans le cours de cet écrit.

Le nombre des voyageurs qui ont circulé sur un chemin de fer, pendant une année, est un renseignement que l'on trouve dans les comptes rendus de toutes les compagnies exploitantes, et qui, cependant, n'est d'aucune utilité réelle, lorsqu'il n'est pas accompagné de quelques explications sur la longueur moyenne des parcours effectués par ces voyageurs.

Quand on nous dit, en effet, qu'il a passé, pendant une année, un million de voyageurs sur un chemin de fer, sans ajouter si la moyenne du parcours de ces voyageurs a été de 100 kilomètres, ou de 10 kilomètres, ou de 5 kilomètres seulement, on ne nous fournit, pour l'appréciation de la dépense, comme pour l'évaluation de la recette, qu'un élément incomplet et tout à fait insuffisant, qui, loin de nous instruire et de nous éclairer, est de nature à jeter un lecteur irréfléchi dans de graves erreurs.

Ce qu'il importe de savoir, c'est le nombre de fois que l'on a transporté un voyageur à 1 kilomètre, ou une tonne de marchandises à 1 kilomètre.

Ainsi, 10 voyageurs qui font, sur un chemin de fer, un trajet de 100 kilomètres chacun, représentent, pour la dépense comme pour la recette, exactement les mêmes résultats que 100 voyageurs parcourant, chacun, une distance de 10 kilomètres, et se succédant dans un convoi par groupes de 10 personnes ; et cependant, dans le premier cas, on ne porte au compte rendu du nombre des voyageurs qui ont circulé sur la ligne que le chiffre 10, tandis que, dans le second cas, on inscrit au même compte le chiffre 100 ; et les mêmes circonstances, le même travail accompli, la même recette produite, sont représentés, dans un cas par un nombre, et dans l'autre cas, par un nombre dix fois aussi élevé que le premier.

Une pareille manière de procéder n'est évidemment pas régulière, et le renseignement dont nous parlons, sur la longueur du parcours moyen, des voyageurs comme des marchandises, est évidemment indispensable à la parfaite intelligence des faits.

Pour abréger le discours, nous appellerons *unité de trafic pour voyageurs* un voyageur transporté à 1 kilomètre, avec la vitesse ordinaire des convois de voyageurs, ou des convois à grande vitesse, qui est de 32 à 48 kilomètres à l'heure; et, *unité de trafic pour marchandises*, une tonne de 1 000 kilogrammes de marchandises transportée également à 1 kilomètre, avec la vitesse ordinaire des convois de marchandises, ou des convois à petite vitesse, qui est de 16 à 24 kilomètres par heure (*a*).

Comme on transporte habituellement avec les convois de voyageurs, des bagages et articles de messageries, des chaises de poste (*b*), et des chevaux, nous appellerons de même :

Unité de trafic pour bagages et articles de messageries, une tonne de bagages et d'articles de messageries transportée à 1 kilomètre;

Unité de trafic pour chaises de poste, une chaise de poste transportée à 1 kilomètre;

(*a*) Dans les calculs sur la chaleur, on admet pour unité, et l'on désigne sous le nom de *calorie*, la quantité de calorique nécessaire pour élever d'un degré du thermomètre centigrade la température d'un kilogramme d'eau distillée.

En mécanique, on admet pour unité, et l'on désigne sous le nom de *dynamie* ou de *dynamode*, un poids de 1 000 kilogrammes élevé à un mètre de hauteur en une seconde.

Il conviendrait, peut-être, dans l'exploitation des chemins de fer, d'avoir un mot analogue pour désigner ce que nous appelons ici une *unité de trafic*.

(*b*) Nous désignons par *chaises de poste* les *voitures ordinaires de toute espèce* que le chemin de fer est appelé à transporter; si nous n'employons pas le mot de *voitures*, qui serait plus général et plus juste, c'est pour éviter toute confusion entre les *voitures ordinaires* que le chemin de fer transporte sur des trucks ou waggons plats et les *voitures de voyageurs* de 1re, 2e et 3e classe qui circulent directement sur le rail-way.

Unité de trafic pour chevaux, un cheval transporté à 1 kilomètre.

Enfin, comme il est indispensable, dans l'évaluation de la dépense, d'avoir égard à la vitesse, avec laquelle s'opère chaque nature de transport, et comme il arrive quelquefois que l'on transporte des marchandises avec les convois de voyageurs, il y aura lieu de distinguer deux unités de trafic pour les marchandises : l'une sera la tonne transportée à 1 kilomètre à grande vitesse, ou avec la vitesse des convois de voyageurs ; l'autre sera la tonne transportée à 1 kilomètre à petite vitesse, ou avec la vitesse des convois de marchandises ; mais nous ne ferons pas usage de cette distinction pour le moment, et il sera bien entendu, (à moins que nous n'exprimions formellement le contraire), que les voyageurs, les bagages et articles de messageries, les chaises de poste et les chevaux sont censés circuler toujours à grande vitesse, et les marchandises, au contraire, à petite vitesse.

Nous appellerons *poids net* ou *poids utile* d'un convoi, la charge en voyageurs, en bagages et articles de messageries, en chaises de poste et en chevaux, ou en marchandises, que le convoi transporte.

Nous appellerons *poids brut* d'un convoi, le poids total que la machine est obligée de remorquer, comprenant, outre le poids utile, le poids du matériel roulant, voitures et waggons de toute espèce, qui entre dans la composition du convoi.

Dans le poids brut du convoi, nous ne comprendrons pas la locomotive et son tender, dont nous croyons inutile de nous occuper dans nos calculs.

Le *travail utile d'un convoi* sera le nombre des unités de trafic de toute espèce qu'il aura produites dans son parcours, et se mesurera, en conséquence, par le nombre des voyageurs, des tonnes de bagages, des chaises de poste et des chevaux, ou des tonnes de marchandises, qu'il aura transportés à un kilomètre.

Nous appellerons *moyenne des voyageurs d'un convoi*, le nombre des voyageurs, à *parcours entier*, qu'il aurait fallu pour produire autant d'unités de trafic, pour voyageurs, qu'en ont réellement donné les voyageurs, à parcours partiel et à parcours entier, que le convoi a effectivement transportés.

Nous désignerons de même, par *charge moyenne d'un convoi de marchandises*, le nombre de tonnes qu'il aurait fallu porter dans les waggons du convoi, pendant toute la durée du trajet, pour produire autant d'unités de trafic, pour marchandises, qu'en ont réellement donné les marchandises, à parcours partiel et à parcours entier, que le convoi a effectivement transportées.

Pour avoir la moyenne des voyageurs d'un convoi, nous calculerons donc combien ce convoi a produit d'unités de trafic, c'est-à-dire combien de fois il a, dans le cours de son trajet entier, transporté un voyageur à un kilomètre, et nous diviserons le nombre ainsi obtenu au moyen d'un calcul préalable, par la longueur en kilomètres du chemin parcouru par le convoi.

Nous trouverons de même la charge moyenne en voyageurs par convoi, pour deux, trois, quatre ou un plus grand nombre de convois, en calculant combien tous ces convois réunis ont produit d'unités de trafic, c'est-à-dire combien de fois ils ont, dans le cours de leurs trajets successifs, transporté un voyageur à un kilomètre, et en divisant le nombre ainsi obtenu au moyen de calculs préalables, par la longueur développée en kilomètres des parcours de tous les convois ensemble, c'est-à-dire, par la somme des parcours de tous ces convois.

La même manière de procéder nous donnera la charge moyenne d'un ou de plusieurs convois de marchandises.

Ainsi, nous trouvons dans le compte rendu de l'exploitation des chemins belges, pour l'année 1842 (p. xii), que sur tous les chemins exploités pendant cette année 1842, (offrant ensemble un développement de 396 kilomètres), il a été opéré une quantité de transports de voyageurs représentée par 104 877 075 unités de trafic, ou voyageurs transportés à un kilomètre. Nous trouvons, dans ce même compte rendu, page 183, que la longueur développée des trajets opérés par les convois de voyageurs, ou le parcours total de ces convois, a été de :

$$1\,170\,050 \text{ kilomètres (c)}.$$

Nous en concluons, sans nous occuper de la répartition des convois sur les différentes lignes de la Belgique, que la charge moyenne en voyageurs a été, dans ces convois,

$$\text{de } \frac{104\,877\,075}{1\,170\,050} = 89.63 \text{ voyageurs.}$$

Nous calculerons de même, quelle a été, en 1842, sur les chemins belges, la charge moyenne d'un convoi de marchandises. Ainsi, la longueur du parcours développé de tous ces convois ensemble a été de 357 965 kilomètres, le nombre de tonnes de marchandises transportées à un kilomètre a été de

$$14\,965\,860,$$

(c) Les chiffres sur l'exploitation des chemins belges que nous aurons occasion de citer dans le cours de cet écrit, sont extraits de deux ouvrages qui ont été publiés sur cette exploitation.

Le premier est le *Compte rendu ou rapport présenté aux Chambres législatives de la Belgique, le 12 avril 1843, par M. le ministre des travaux publics.*

Le second est l'ouvrage intitulé : *Des chemins de fer belges,* qu'a publié M. Perrot, membre de la commission centrale de statistique de Bruxelles.

Nous croirions manquer à un devoir si, en citant ces deux ouvrages, nous n'adressions pas à leurs auteurs l'expression de toute notre gratitude pour les renseignements sur l'exploitation des chemins de fer de la Belgique qu'ils ont bien voulu fournir au public.

Nous n'avons considéré que l'exploitation des chemins de fer belges, parce que nous n'avons pas à notre disposition des documents complets sur d'autres chemins.

la charge moyenne d'un convoi de marchandises, ou à petite vitesse, a donc été, en 1842, sur les chemins belges,

$$\text{de } \frac{14\,265\,860}{357\,965} = 39.85 \text{ tonnes.}$$

Remarquons, pour bien expliquer notre pensée, que la moyenne des voyageurs, telle que nous l'entendons et telle que nous venons de la définir, est indépendante du nombre des voyageurs qui ont effectivement circulé sur le chemin de fer, et qui en ont profité pour se faire transporter d'une station à une autre.

Ainsi, le compte rendu des chemins belges dit, page xii, que le nombre total des voyageurs en 1842 a été de 2 716 775, il dit encore, page 128, que le nombre des convois de voyageurs a été de 20 207. Nous pouvons en conclure que chaque convoi a servi moyennement au transport de

$$\frac{2\,716\,775}{20\,207} = 134 \text{ voyageurs,}$$

mais c'est là un chiffre auquel nous n'attachons pas d'importance, parce que, s'il peut offrir quelque intérêt dans une statistique de la circulation, il n'est d'aucune utilité réelle pour apprécier, soit la recette que le chemin a produite, soit la dépense que son exploitation a occasionnée.

Si nous le mentionnons ici, c'est uniquement pour éviter qu'on le confonde avec le chiffre moyen de 89.63 voyageurs, que nous avons donné tout à l'heure, et sur lequel nous aurons occasion de revenir plus tard.

———

Ces préliminaires posés, nous entrerons en matière, et nous nous occuperons d'abord exclusivement des frais que nécessitent le service de la traction et l'entretien du matériel.

Nous savons que, sur le chemin de fer de Paris à Rouen, on paye à l'entrepreneur des transports, pour le service et l'entretien des locomotives, 1 fr. 10 c. par chaque kilomètre que parcourt un convoi de voyageurs composé de 12 voitures et au-dessous, ou un convoi de marchandises composé de 25 waggons et au-dessous (*d*); qu'on paye, en outre, à ce même entrepreneur, et toujours par kilomètre parcouru, pour l'entretien et la réparation des voitures et des waggons :

o^{fr}..o336 par voiture de 1re classe ;

o^{fr}..o168 par voiture de 2e et de 3e classe, par waggon de bagages, par waggon de chaises de poste et par waggon-écurie, marchant à grande vitesse ;

et o^{fr}..oo84 par waggon de marchandises, marchant à petite vitesse (*e*).

Un convoi de voyageurs, formé de 12 voitures, par exemple, coûte donc, par kilomètre de parcours, en supposant qu'il soit composé de deux voitures de première classe, et de 10 voitures de deuxième et de troisième classe :

(*d*) Pour chaque voiture au-dessus de 12, dans les convois de voyageurs, il doit être payé un douzième en sus, jusqu'à ce que le train ait atteint 16 voitures; s'il y a 17 voitures, ou plus, il est employé deux locomotives, et le prix de la locomotion est, dans ce cas, de 2^{fr}.20 par kilomètre, tant que le nombre des voitures ne dépasse pas 24. S'il y en a un plus grand nombre, le même principe est appliqué suivant ce qui a été dit pour un train excédant 12 voitures.

Le même prix par kilomètre est applicable aux trains de marchandises, tant que le nombre des waggons n'excède pas 25, ou le poids net 100 000 kilogrammes. Pour chaque waggon en plus, ou pour tout accroissement de poids, la compagnie paye une augmentation proportionnelle jusqu'à ce que le train ait atteint 33 waggons, ou 132 000 kilogrammes; alors est ajoutée une seconde machine, le train est considéré comme double, et paye a raison de 2^{fr}.20 par kilomètre.

(*e*) Moyennant ces allocations, les entrepreneurs sont chargés de toutes les dépenses relatives à la traction, y compris le service de l'eau, et de tous les frais d'entretien du matériel; ils doivent supporter, en outre, une dépréciation sur la valeur du matériel mis à leur disposition; cette dépréciation doit être calculée d'après la durée probable de chaque pièce, comparée au service effectué. L'élément principal, celui de la durée de chaque pièce, est resté indéterminé.

Pour garantie de cette dépréciation, et sans rien préjuger quant à sa quotité réelle, une retenue de 15 pour 100 doit être exercée sur les payements à faire aux entrepreneurs et réglée en fin d'année.

Les entrepreneurs doivent, en dernier lieu, tenir compte à la compagnie, à raison de 5 pour 100, de l'intérêt de la valeur des outils et machines mis à leur disposition dans les ateliers de réparation.

Extrait du rapport présenté, le 30 mars 1844, par le conseil d'administration du chemin d'Orléans à ses actionnaires, pages 62 et 63, 2e tirage.

fr.

1° Pour le service et l'entretien de la locomotive. 1.1000
2° Pour l'entretien des deux voitures de 1re classe 2×0^{fr}..0336 = 0.0672
3° Pour l'entretien des dix voitures de 2e et de 3e classe
$$10 \times 0.0168 = 0.1680$$

Total de la dépense pour le parcours, sur un kilomètre,
d'un convoi de voyageurs composé de 12 voitures. 1.3352

Ce convoi peut contenir jusqu'à 348 voyageurs, en supposant 24 dans chaque voiture de 1re classe, et 30 dans chacune des voitures de 2e et de 3e classe.

Or, s'il arrivait, ce qui probablement ne s'est jamais rencontré, et ce qui ne se rencontrera jamais, mais ce qui cependant est possible, que toutes les voitures de ce convoi restassent complétement pleines de voyageurs depuis Paris jusqu'à Rouen (les voyageurs descendant à chaque station intermédiaire étant toujours remplacés par un nombre égal de voyageurs montant dans les voitures), il se trouverait que la dépense faite pour le transport d'un voyageur, à un kilomètre, serait de $\dfrac{1^{fr}.3352}{348} = 0^{fr}.0038$; c'est-à-dire d'à peu près un tiers de centime.

Si nous considérons, au contraire, un convoi très-faible, ne portant qu'un petit nombre de voyageurs, comme cela arrive quelquefois dans les mauvaises journées d'hiver, vingt voyageurs, par exemple, en moyenne, pendant toute la durée du trajet, nous trouvons que le coût de la traction de ce convoi sera, par kilomètre de parcours, d'après les bases que nous avons posées plus haut, et en supposant qu'il se compose de cinq voitures, dont une de 1re classe et quatre de 2e et de 3e classe, de. . . 1^{fr}.2008

Savoir :

fr.

Pour le service et l'entretien de la locomotive. 1.1000
Pour l'entretien de la voiture de 1re classe. 0.0336
Pour l'entretien des 4 voitures de 2e et de 3e cl. 4×0.0168 = 0.0672

Total pareil. 1.2008

et le prix du parcours, par voyageur transporté à un kilomètre, sera de $\dfrac{1^{fr}.2008}{20} = 0^{fr}.06$;

c'est-à-dire seize fois aussi fort que dans le premier cas que nous avons examiné.

Les mêmes circonstances peuvent se présenter pour un convoi de marchandises.

Ainsi, supposons un convoi composé de 25 waggons, portant ensemble 100 tonnes de marchandises, et faisant le trajet de Rouen à Paris sans rien laisser en route ; il coûtera, aux termes du marché que nous citions tout à l'heure, par kilomètre parcouru :

	fr.
Pour le service et l'entretien de la locomotive.	1.10
Pour l'entretien des 25 waggons 25 × 0.0084 = ...	0.21
Total.	1.31

et le coût d'une tonne de marchandises, transportée à un kilomètre, sera réduit à $\dfrac{1^{fr}.31}{100} = 0^{fr}.0131$;

c'est-à-dire à un centime et un tiers environ.

Mais supposons, en revanche, comme cela doit arriver souvent sur certains chemins de fer (où les transports de marchandises ont presque tous lieu dans un même sens), que le retour de ce même convoi, de Paris à Rouen, s'opère presqu'à vide, ou avec une charge de cinq tonnes seulement ; le prix du transport d'une tonne à un kilomètre sera de $\dfrac{1^{fr}.31}{5} = 0^{fr}.26$;

c'est-à-dire vingt fois aussi considérable que dans l'hypothèse précédente.

Nous venons de considérer des cas extrêmes qui, dans la pratique, ne se présenteront que rarement ; ce qu'il nous faudrait découvrir, c'est la composition *moyenne* des convois ; or cette composition *moyenne*, pour les voyageurs comme pour les marchandises, variera nécessairement avec chaque chemin de fer, et s'il est probable qu'elle restera toujours entre les limites que nous venons hypothétiquement d'examiner, il est certain qu'elle se rapprochera, plus ou moins, pour chaque chemin, de l'une ou de l'autre de ces deux limites ; il est évident, dès lors, que la dépense du transport variera pour chaque chemin, et qu'elle variera par la manière dont se répartiront, entre tous les convois, les voyageurs et les marchandises, bien plus encore que par les prix des matières premières et de la main-d'œuvre, nécessaires au service de la traction et à l'entretien du matériel ; il est enfin évident, ainsi que nous le disions au commencement de cet écrit, que le problème général, dont nous nous sommes proposé la solution, est indéterminé.

Mais si nous considérons un chemin en particulier, dont on nous fera connaître exactement les éléments de la circulation, nous pourrons arriver, sans difficulté, à la détermination du prix de revient des transports de voyageurs et des transports de marchandises.

C'est ce que nous allons essayer de faire pour les chemins belges, au moyen des renseignements que nous ont fournis les deux ouvrages cités plus haut : le Compte rendu, ou Rapport présenté aux chambres législatives de la Belgique, le 12 avril 1843, par M. le ministre des travaux publics, et l'écrit intitulé : *Des chemins de fer belges*, et publié par M. Perrot, de Bruxelles.

Disons tout de suite que quelques éléments nous ont manqué pour établir nos calculs, et que nous avons été obligé d'y suppléer par des hypothèses qui, nous l'espérons, ne s'écarteront pas beaucoup de la vérité, et qui, d'ailleurs, ne s'appliquant qu'aux parties les moins importantes de l'exploitation, ne pourront pas influer d'une manière sensible sur le résultat final auquel nous arriverons.

Ajoutons que notre prétention, dans cet écrit, n'est pas de présenter à nos lecteurs des chiffres rigoureusement exacts, propres à figurer dans le compte rendu d'une exploitation, mais uniquement d'indiquer, *à peu de chose près*, quels sont les prix de revient du transport des voyageurs et des marchandises, et de faire voir comment ces prix diffèrent, suivant la manière dont on veut les comprendre, ou dont on peut les définir.

Nous avons vu plus haut que le nombre moyen, sur les chemins belges, des voyageurs d'un convoi est de 89.63. Si ces convois ne transportaient que des voyageurs, notre compte serait facile à faire; mais il entre dans la composition de ces convois, outre les voitures de voyageurs :

1° Des waggons de bagages, pour le transport des effets des voyageurs et des articles de messageries;

2° Des trucks ou waggons plats, pour le transport des chaises de poste;

3° Et, enfin, des waggons-écuries, pour le transport des chevaux.

Ces différents waggons doivent évidemment entrer pour une certaine part dans la dépense que nécessite la traction d'un convoi.

Mais pour quelle part les y faire figurer?

Ou autrement, dans un convoi à grande vitesse, contenant des voyageurs, des bagages et articles de messageries, des chaises de poste et des chevaux, à quel nombre de voyageurs équivaut, *en ce qui concerne la dépense*, une tonne de bagages? — ou une chaise de poste? — ou un cheval?

C'est une question délicate que nous avons cru pouvoir résoudre, comme nous le dirons tout à l'heure.

Mais auparavant, et pour pouvoir raisonner sur des chiffres, nous ferons connaître les données du problème telles que nous les avons recueillies, pour les chemins belges, dans les ouvrages de M. Perrot et de M. le ministre des travaux publics de Belgique.

Le *travail utile*, ou le nombre d'unités de trafic de

toute espèce, produit par tous les convois de voyageurs, ou à grande vitesse, ensemble, a été, sur les chemins belges, en 1842 :

(*Voir* la note **A**, à la suite du présent écrit.)

En unités de trafic pour voyageurs, ou en voyageurs transportés à 1 kilomètre, de. 104 877 075

En unités de trafic pour bagages et articles de messageries, ou en tonnes de bagages et articles de messageries transportées à 1 kilomètre, de. 1 711 780

En unités de trafic pour chaises de poste, ou en chaises de poste transportées à 1 kilomètre, de. 208 460

En unités de trafic pour chevaux, ou en chevaux transportés à 1 kilomètre, de. 59 780

Un renseignement qu'il nous est encore indispensable d'avoir pour l'établissement de nos calculs, est le parcours développé de tous les convois ensemble, et le parcours développé de chacune des espèces de voitures et waggons qui sont entrés dans ces convois, en distinguant toujours, bien entendu, les convois à grande vitesse et les convois à petite vitesse.

(*Voir* la note B.)

Le parcours développé de tous les convois de voyageurs, ou à grande vitesse, ensemble, a été, (page 183 du compte rendu), sur les chemins belges, en 1842, de ci. . . . . 1 170 050 kilomètres.

Le parcours développé d'une voiture de voyageurs a été de (*f*). . . . . 7 312 813 kilom.
Le parcours développé d'un waggon de bagages a été de 1 989 085
Le parcours développé d'un waggon pour chaises de poste, a été de 339 314
Le parcours développé d'un waggon-écurie a été de . . 35 102

Total du parcours développé des voitures et waggons de toute espèce entrant dans les convois de voyageurs. 9 676 314 k.

(*f*) Nous avons réuni en un seul chiffre les voitures de voyageurs de toutes les classes ; il serait plus exact d'établir une distinction entre les voitures de 1re, de 2e et de 3e classe ; nous l'aurions fait si les documents que nous avons entre les mains nous l'eussent permis.

Il nous est facile maintenant, au moyen des renseignements qui précèdent, de déterminer quelle a été, sur les
chemins belges, en 1842, la charge moyenne de chacune
des espèces de voitures et waggons qui sont entrés dans la
composition des convois de voyageurs.

En effet, le nombre des voyageurs transportés à 1 kilomètre étant de 104 877 075, et la circulation des voitures
de voyageurs pouvant être représentée par une voiture
unique, qui aurait parcouru 7 312 813 kilomètres, il s'ensuit que la charge moyenne de cette voiture (en entendant ici la charge moyenne pour une voiture, comme nous
l'avons entendue pour un convoi), c'est-à-dire le nombre
des voyageurs qu'il aurait fallu placer et laisser dans cette
voiture pendant toute la durée de son trajet, pour produire autant d'unités de trafic qu'en ont réellement donné
les voyageurs, à toutes distances, qui ont effectivement
et successivement circulé dans les voitures du chemin de
fer, est de $\dfrac{104\ 877\ 075}{7\ 312\ 813} = 14.34$ voyageurs (g).

On trouvera de même la charge moyenne d'un waggon
de bagages en divisant le travail utile des bagages, ou le

(g) Comme, en Belgique, une voiture de 2e et de 3e classe contient
30 voyageurs, et une voiture de 1re classe, 18 voyageurs, et que ces
dernières voitures sont, en général, peu nombreuses, relativement à
celles de 2e et de 3e classe, on peut conclure du nombre moyen des
voyageurs que porte une voiture : 14.34, que les voitures de voyageurs
circulent, en général, à peu près à moitié vides.

Faut-il s'en étonner ? Nous ne le pensons pas.

En effet, les messageries ordinaires voyagent généralement avec 1/3
de leurs places vides ; or, sur les chemins de fer, on ne peut pas,
comme dans les messageries, refuser des voyageurs ; l'intérêt bien
entendu de l'exploitant (État ou Compagnie), comme l'intérêt du
public s'y opposent, aussi bien que les lois de concession ; il faut donc
composer les convois au départ avec une certaine latitude : de plus,
les convois de chemins de fer s'alimentent par des voyageurs à parcours partiel, et souvent à parcours partiel très-court, voyageurs dont
les messageries ordinaires ne s'occupent habituellement pas, et qui
laissent dans les convois, quoi qu'on fasse, des vides souvent considérables ; il n'est donc pas surprenant que la proportion des places

nombre des tonnes de bagages et articles de messageries,
qui ont été transportées à 1 kilomètre, par le parcours développé du waggon de bagages,

$$\text{Soit } \frac{1\,711\,780}{1\,989\,085} = 0.86 \text{ tonne.}$$

La charge moyenne d'un waggon de chaises de poste
s'obtiendra encore en divisant le travail utile pour chaises
de poste par le parcours développé d'un waggon de chaises
de poste,

$$\text{Soit } \frac{208\,460}{339\,314} = 0.61 \text{ chaise de poste } (h).$$

Enfin, la charge moyenne d'un waggon-écurie s'obtiendra encore de la même manière, et sera de :

$$\frac{59\,780}{35\,102} = 1.70 \text{ cheval } (i).$$

Nous admettrons maintenant que tous les waggons,

---

occupées aux places disponibles, soit dans les chemins de fer de 1 à 2,
tandis qu'elle est de 2 à 3 dans les messageries.

Nous verrons tout à l'heure qu'il en est à peu près de même des
convois de marchandises, et qu'ils n'ont circulé qu'à moitié charge en
moyenne, sur les chemins belges, en 1842.

(h) Puisque la charge moyenne d'un truck ou waggon plat est de
0.61 chaise de poste, il faut en conclure que les trucks ont voyagé à
peu près les 2/5es du temps à vide, c'est-à-dire que sur 100 trucks, il
y en avait 61 chargés et 39 vides; ce qui s'explique, du reste, très-
bien par cette circonstance que les chaises de poste circulent souvent
dans le même sens sans qu'il y ait des retours en rapport avec les
allées; ainsi, au printemps, les voyageurs en chaises de poste quittent
les grandes villes pour se rendre, soit dans leurs maisons de cam-
pagnes, soit aux eaux, soit à l'étranger; à la fin de l'automne, au
contraire, ces mêmes voyageurs reviennent de leurs voyages et rentrent
dans les grandes villes.

(i) Un waggon-écurie peut porter trois chevaux : puisque la charge
moyenne d'un de ces waggons n'est que de 1.70 cheval, il faut en conclure que ces waggons, comme ceux des chaises de poste, voyagent
à peu près à moitié vides : c'est-à-dire que 100 waggons pouvant porter
300 chevaux, n'en transportent effectivement que 170, et présentent
ainsi 130 places inoccupées sur 300 places disponibles.

vides, pleins, ou chargés seulement en partie, quel que soit leur usage, c'est-à-dire qu'ils portent des voyageurs, des bagages, des chaises de poste, ou des chevaux, doivent entrer pour la même part dans les frais de la traction du convoi ; ainsi, si un convoi est composé de dix voitures ou waggons, nous ferons supporter à chaque voiture ou à chaque waggon, quels que soient sa nature ou son emploi, et quelle que soit sa charge, 1/10 du prix total que coûtera la locomotion du convoi.

Cette hypothèse peut paraître au premier abord un peu hasardée, car, nous dira-t-on, une voiture pleine de voyageurs est bien plus lourde qu'une voiture complétement vide, et doit, dès lors, entrer pour une part plus forte dans les frais de la traction du convoi.

A cela nous répondrons qu'il s'établit dans les convois une espèce de compensation, entre les waggons vides et les waggons pleins, entre ceux dont la charge est forte et ceux dont la charge est faible, et qu'en définitive, on peut admettre, sans erreur sensible, que tous les waggons et voitures ont constamment circulé chacun avec sa charge moyenne, telle que nous venons de l'évaluer ; or, en se rendant compte du poids total de chaque voiture ou waggon résultant de cette charge moyenne, on reconnaîtra que ces divers poids diffèrent peu, en effet, les uns des autres.

Nous admettrons, en conséquence, que l'on doit, dans l'appréciation des dépenses, assimiler entre elles les charges moyennes de chaque espèce de voitures ou waggons.

0^t.860 de bagages équivaudront donc à 14.34 voyageurs, ou une tonne de bagages à $\dfrac{14.34}{0.860} = 16.67$ voyageurs.

0.61 chaise de poste équivaudront de même à 14.34 voyageurs, ou une chaise de poste à $\dfrac{14.34}{0.61} = 23.34$ voyageurs.

1.70 cheval équivaudra de même à 14.34 voyageurs,

ou un cheval à $\dfrac{14.34}{1.70} = 8.43$ voyageurs.

Ces assimilations varieront avec chaque chemin de fer, et bien plus, varieront, pour un même chemin, avec chaque année de son exploitation; et c'est là précisément ce qui les rend équitables, car l'économie, dans les transports de toute nature, dépend surtout de la charge moyenne de chaque espèce de voiture ou waggon : plus la charge moyenne est forte, plus, toutes circonstances égales d'ailleurs, le transport se fait économiquement. Il importe, dès lors, de distinguer et d'apprécier cette charge moyenne pour chaque espèce de waggon, et pour chaque année de l'exploitation d'un chemin de fer; c'est ce que l'on ne ferait pas, si l'on se bornait à assimiler de prime abord une tonne de bagages, ou une chaise de poste, ou un cheval, à un nombre de voyageurs fixe et invariable. Ce dernier mode d'assimilation serait complétement arbitraire, et ne tiendrait aucun compte des variations qui peuvent s'opérer, tous les ans, dans la charge moyenne de chaque espèce de waggon, et par suite, dans le coût réel de chaque nature de transport (h).

Ayant ainsi établi un terme de comparaison, en ce qui concerne la dépense, entre les voyageurs, les tonnes de bagages, les chaises de poste, et les chevaux, nous pouvons transformer en unités de trafic pour voyageurs le tra-

---

(h) Si l'on avait à faire une assimilation du même genre, *en ce qui concerne la recette*, la solution du problème serait simple et facile.

En effet, sur les chemins belges, en 1842, un voyageur a payé moyennement par kilomètre. 0.045
Une tonne de bagages a payé. 0.500

soit autant que $\dfrac{0.500}{0.045} = 11$ voyageurs.

On doit donc, sous le rapport de la recette, assimiler une tonne de bagages à 11 voyageurs. Mais on conçoit que la dépense ne dépend nullement de la recette, et que l'assimilation, *en ce qui concerne la recette*, ne peut influer sur l'assimilation, *en ce qui regarde la dépense*.

2

vail utile opéré pour le transport des bagages, des chaises de poste, et des chevaux.

Et nous trouverons :

1° Que les 1 711 780 tonnes de bagages et articles de messageries transportées à un kilomètre, équivalent, en voyageurs transportés à un kilomètre, à :

$$1\,711\,780 \times 16.67 = \ldots\ldots \quad 28\,535\,372$$

2° Que les 208 460 chaises de poste transportées à un kilomètre, équivalent, en unités de trafic pour voyageurs, à

$$208\,460 \times 23.34 = \ldots\ldots \quad 4\,865\,456$$

3° Que les 59 780 chevaux transportés à un kilomètre, équivalent, en unités de trafic pour voyageurs, à

$$59\,780 \times 8.43 = \ldots\ldots \quad 503\,945$$

Total, en unités de trafic pour voyageurs, des transports effectués par les convois à grande vitesse, en bagages et articles de messageries, en chaises de poste et en chevaux.   33 904 773

Le transport des voyageurs proprement dits est d'ailleurs représenté par le chiffre de. 104 877 075

Le travail utile total opéré par les convois à grande vitesse pour le transport des voyageurs, des bagages et articles de messageries, des chaises de poste et des chevaux, pourra donc être représenté, en unités de trafic pour voyageurs, par le chiffre de. 138 781 848

La longueur totale du parcours des convois à grande vitesse étant d'ailleurs de. . . . . 1 170 050 kilomètres, la charge moyenne d'un convoi à grande vitesse sera :

En voyageurs proprement dits, de

$$\frac{104\,877\,075}{1\,170\,050} = \ldots\ldots \quad 89.63 \text{ voyageurs.}$$

En bagages et articles de messageries, chaises de poste et chevaux, représentée par

$$\frac{33\,904\,773}{1\,170\,050} = \ldots\ldots \quad 28.98 \text{ voyageurs.}$$

Et en totalité, voyageurs et objets équivalents, représentée par

$$\frac{138\,781\,848}{1\,170\,050} = \ldots\ldots \quad 118.61 \text{ voyageurs.}$$

Cherchons maintenant au moyen des renseignements que nous possédons sur l'exploitation des chemins belges, en 1842, à déterminer quelle a été, sur ces chemins, la composition moyenne, en voitures et en waggons des diverses espèces, d'un convoi de voyageurs.

Cette composition moyenne doit être telle qu'en supposant un instant, par la pensée, que le convoi moyen a seul circulé sur la ligne, au lieu et place de tous les convois qui s'y sont succédé, il a fait parcourir à chaque espèce de voiture et de waggon, entrant dans sa composition, un nombre de kilomètres précisément égal à celui que chaque espèce de voiture et waggon a réellement et effectivement parcourus.

Cette composition moyenne ainsi définie, et bien comprise, rien n'est plus simple que de déterminer le nombre des voitures et waggons de chaque espèce qui doivent y figurer.

En effet, si le convoi moyen a parcouru dans l'année, je suppose. . . . . 1 000 000 kilomètres, et que le waggon de bagages, par exemple, en ait parcouru. . . . . 2 000 000 kilomètres, il faudra que le convoi moyen ait contenu deux waggons de bagages.

Le nombre des waggons de chaque espèce, qui doivent figurer dans le convoi moyen, s'obtiendra donc en divisant le parcours développé d'un waggon de chaque espèce par le parcours du convoi moyen lui-même.

Or le convoi moyen a parcouru la même distance que tous les convois ensemble, c'est-à-dire 1 170 050 kilomèt. Une voiture de voyageurs a parcouru 7 312 813 kilomètres. Il entrait donc dans le convoi moyen :

$$\frac{7\,312\,813}{1\,170\,050} = 6.25 \text{ voitures de voyageurs.}$$

Le waggon de bagages a parcouru 1 989 085 kilomètres;
il entrait donc dans le convoi moyen :

$$\frac{1\ 989\ 085}{1\ 170\ 050} = 1.70 \text{ waggon de bagages.}$$

Le waggon de chaises de poste a parcouru 339 314 kilomètres; il entrait donc dans le convoi moyen :

$$\frac{339\ 314}{1\ 170\ 050} = 0.29 \text{ waggon de chaises de poste.}$$

Le waggon-écurie a parcouru 35 102 kilomètres; il
entrait donc dans le convoi moyen :

$$\frac{35\ 102}{1\ 170\ 050} = 0.03 \text{ waggon-écurie.}$$

Et la composition du convoi moyen, que nous voulions
déterminer, se résume ainsi :

Voitures de voyageurs 6.25
Waggon de bagages 1.70
Waggon de chaises de poste 0.29
Waggon-écurie 0.03

  Total des voitures et waggons entrant dans un convoi
   moyen de voyageurs.. . . . . 8.27

Or, que coûte maintenant, sur les chemins belges, le
service de la traction et de l'entretien du matériel par
convoi et par kilomètre?

S'il existait pour les chemins belges un marché analogue à celui du chemin de Rouen, et si la composition des
convois n'avait jamais dépassé 12 voitures, la réponse à
cette question serait simple et facile.

A défaut de renseignements précis sur cet objet, nous
avons estimé, par des calculs consignés dans la note C à
la suite de cet écrit, à 1^{fr}.3236 la dépense moyenne faite
sur les chemins belges pour la traction par kilomètre d'un
convoi, soit de voyageurs, soit de marchandises.

Observons que ce prix de 1^{fr}.3236 ne doit pas être com-
paré à celui de 1^{fr}.10 que paye le chemin de Rouen, car

ce dernier prix de 1ᶠʳ.10 ne s'applique qu'aux cas où la traction a lieu aux moindres frais possible, tandis que le prix de 1ᶠʳ.3236 est le prix moyen de la traction, en ayant égard aux cas où le convoi a été composé de plus de 12 voitures et où l'on aurait eu, par conséquent, sur le chemin de Rouen, à payer un supplément de prix, et aux cas où l'on a été obligé d'atteler deux machines à un convoi, et où l'on aurait payé, sur le chemin de Rouen, 2ᶠʳ.20 par kilomètre.

Le prix moyen du chemin de Rouen, en ayant égard aux deux circonstances que nous venons d'indiquer, serait certainement de plus de 1ᶠʳ.10, mais n'atteindrait probablement pas le prix des chemins belges, car les cas où l'on paye plus de 1ᶠʳ.10 ne se présentent, en général, que rarement.

Les chemins belges, parmi lesquels figurent plusieurs embranchements, ont été disposés, par la force des choses, de manière à exiger, pour le service de l'exploitation, un nombre de machines, en activité et en réserve, plus considérable qu'une ligne unique et continue comme celle de Rouen ; il ne faut donc pas s'étonner si le prix moyen de la traction se trouve être plus élevé sur les chemins belges que sur celui de Rouen.

Pour l'entretien du matériel, nous supposerons qu'on paye en Belgique, comme sur le chemin de Rouen, savoir, par kilomètre parcouru :

0ᶠʳ.0336 pour une voiture de 1ʳᵉ classe ;

0ᶠʳ.0168 pour une voiture de 2ᵉ et de 3ᵉ classe ou pour un waggon de bagages, un truck, ou un waggon-écurie.

0ᶠʳ.0084 pour un waggon de marchandises à petite vitesse.

Cela posé, les frais faits pour le parcours, par kilomètre, d'un convoi de voyageurs, peuvent s'estimer ainsi, en se rappelant qu'il est composé de 8.27 voitures, et en admettant que sur ces 8.27 voitures, il y en a 1.50 de

1re classe, et par conséquent 6.77 waggons de 2e ou de 3e classe, de bagages, de chaises de poste ou d'écurie :

$$
\begin{aligned}
&\text{Service et entretien de la locomotive} \dots\dots\dots\dots\dots\; 1.3236 \\
&\text{Entretien des voitures de 1}^{re}\text{ classe, } 1.50 \times 0.0336. \dots\dots\; 0.0504 \\
&\text{Entretien des autres voitures de toute espèce, } 6.77 \times 0.0168 = 0.1137 \\
&\hspace{6.5cm}\text{Total} \dots\dots\dots\dots\dots\; 1.4877
\end{aligned}
$$

Et, comme il y a en moyenne, dans chaque convoi, 118.61 voyageurs ou objets équivalents, il s'ensuit que le prix de l'unité de trafic pour voyageurs, ou le prix moyen d'un voyageur transporté à 1 kilomètre, a été, en 1842, sur les chemins belges, pour les frais de traction et d'entretien du matériel seulement, de :

$$\frac{1.4877}{118.61} = 0^{fr}.01254 ;$$

et comme le total des unités de trafic pour voyageurs ou objets équivalents est de 138 781 848, il s'ensuit que la dépense totale faite sur les chemins belges, pour le service des voyageurs (traction et entretien du matériel seulement) a dû s'élever à :

$$138\ 781\ 848 \times 0^{fr}.01254 = 1\ 740\ 324\ \text{fr.}$$

Le prix du transport d'un voyageur à 1 kilomètre étant de $0^{fr}.01254$, on peut en conclure :

1° Que le prix du transport à 1 kilomètre d'une tonne de bagages, équivalant à 16.67 voyageurs, sera de :

$$16.67 \times 0.01254 = 0^{fr}.2090 ;$$

2° Que le prix du transport à 1 kilomètre d'une chaise de poste, équivalant à 23.34 voyageurs, sera de :

$$23.34 \times 0.01254 = 0^{fr}.2927 ;$$

3° Que le prix du transport à 1 kilomètre d'un cheval, équivalant à 8.43 voyageurs, sera de :

$$8.43 \times 0.01254 = 0^{fr}.1057.$$

Faisons maintenant, pour le service des grosses marchandises ou des convois à petite vitesse, ce que nous venons de faire pour les convois de voyageurs.

A l'exemple de ce qui se passe en France, sur le chemin de fer de Paris à Orléans, nous comprendrons le transport des bestiaux dans le service des grosses marchandises.

On trouve (page 59 de la brochure de M. Perrot) que le service des grosses marchandises, en 1842, s'est composé :

1° De grosses marchandises représentant un poids de 194 185 tonnes

2° De 4 107 têtes de gros bétail (bœufs et vaches) représentant un poids (page 101) de 800 k. par tête, ou 5 têtes par waggon, et ensemble de 3 285

3° De 23 790 têtes de petit bétail (porcs, veaux ou moutons) représentant un poids de 266 kilogrammes par tête, ou 15 têtes par waggon, et ensemble de (*). 6 328

Total du poids des grosses marchandises. . . . . 203 798 tonnes.

La distance moyenne du transport des grosses marchandises étant de 70 kilomètres (page 108 de la brochure M. Perrot), nous aurons, pour le travail utile, des convois de marchandises, ou pour le nombre d'unités de trafic que ces convois ont produit, ou, si l'on aime mieux, pour le nombre des tonnes de marchandises que ces convois ont transportées à 1 kilomètre :

$$203\ 798 \times 70 = 14\ 265\ 860 \text{ tonnes} \times \text{kilom.}$$

(*) Pour opérer avec exactitude, il faudrait distinguer le service des bestiaux de celui des marchandises, attendu que ces deux espèces de transports se font dans des waggons de formes différentes ; il y aurait lieu de faire ici ce que nous avons fait dans le service des convois de voyageurs, pour les bagages, les chaises de poste et les chevaux ; mais comme les bestiaux ne forment qu'une partie peu importante du transport total, nous les confondrons pour le moment avec les grosses marchandises.

M. Perrot assimile une tête de gros bétail à 800 kil. parce qu'il en faut cinq pour former la charge complète d'un waggon de marchandises, qui est de 4 000 kilogrammes ou de 4 tonnes ; il assimile de même, une tête de petit bétail à 266 kilogrammes, parcequ'il en faut 15 pour former la charge complète d'un waggon.

Or nous trouvons (page 128 du compte rendu) que le nombre des convois de marchandises a été de. . . 6 101

Que le nombre des waggons placés dans ces convois a été de. 129 877

Que le nombre des kilomètres parcourus par ces convois a été de (page 183). 357 965

D'où nous pouvons conclure :

1° Qu'il entrait moyennement dans un convoi :

$$\frac{129\ 877}{6\ 101} = 21.29 \text{ waggons.}$$

2° Que la charge moyenne de chacun de ces convois (étant bien entendu, pour les marchandises comme pour les voyageurs, que la charge moyenne d'un convoi est le nombre des tonnes qui, portées par les waggons pendant toute la durée du trajet, auraient produit autant d'unités de trafic qu'en ont réellement donné les marchandises, à parcours partiel et à parcours entier, que le convoi a effec- tivement transportées) était, dis-je, de :

$$\frac{14\ 265\ 860}{357\ 965} = 39.85 \text{ tonnes.}$$

3° Que chaque waggon pouvant porter 4 tonnes ou 4 000 kilogrammes, et les 21.29 waggons d'un convoi moyen pouvant, en conséquence, porter ensemble 21.29 $\times$ 4 = 85.16 tonnes, les convois de marchandises n'ont, comme les convois de voyageurs, circulé qu'à moitié charge environ.

Évaluons maintenant la dépense par tonne et par kilo- mètre.

Pour un convoi moyen, composé de 21.29 waggons, et portant 39.85 tonnes, on a dépensé, par kilomètre de parcours :

Pour le service et l'entretien de la locomotive 1fr.3236
Pour l'entretien du matériel des waggons 21.29 $\times$ 0.0084 = 0fr.1788

Total 1fr.5024

(*Voir* la note C à la suite du présent écrit, pour ce qui regarde les prix élémentaires que nous adoptons ici.)

Et le prix moyen d'une tonne de marchandises transportée à 1 kilomètre, pour les frais de traction et d'entretien du matériel seulement, sera de :

$$\frac{1.5024}{39.85} = 0^{\text{fr}}.0377.$$

Ce qui donne, pour la dépense totale occasionnée par la traction des convois de grosses marchandises, et par l'entretien du matériel relatif à ces transports :

fr.

14 265 860 × 0.0377 = ... 537 823

La même dépense pour le service des voyageurs a dû s'élever, ainsi que nous l'avons estimée plus haut, à 1 740 324

On a, en outre, remorqué des convois de sable, pour l'entretien de la voie, qui ont, dit le compte rendu, page 183, parcouru ensemble 61 075 kilomètres, et qui ont dû coûter, en estimant le kilomètre de parcours pour les sables, pour la traction et l'entretien du matériel, à 1 f. 20, je suppose : 61 075 × 1.20 = ... 73 290

Le total de la dépense pour la locomotion et l'entretien du matériel a donc dû s'élever, d'après nos calculs, à 2 351 437

Or, on trouve, page xxxiv du compte rendu pour le chiffre réel de cette dépense. 2 351 708

Différence. . . .   271

Cette petite différence vient des décimales forcées ou négligées.

Nos calculs ont été établis d'après les résultats de l'exploitation de l'année 1842 ; nous verrons plus loin qu'en 1843, par suite de l'extension qu'a prise le service des marchandises, on est parvenu à obtenir des convois moyens plus chargés, et, par suite, des frais de traction moins élevés.

Il ne faut pas perdre de vue que nos calculs sont fondés sur certaines données qui, ainsi que nous l'avons déjà fait remarquer, doivent varier avec chaque chemin, et, bien plus, doivent varier, pour un même chemin, avec chaque année de son exploitation ; que, dès lors, il est nécessaire de refaire les calculs que nous venons de présenter, d'après les résultats fournis pour chaque année de l'exploitation d'un chemin de fer.

Le mode de calcul que nous avons adopté pour arriver aux prix de revient de chacune des unités de trafic qui peuvent se présenter dans l'exploitation d'un chemin de fer, a l'avantage de faire connaître exactement la composition moyenne des convois, et la charge moyenne de chacune des espèces de voitures et waggons qui circulent sur la voie ; ce mode de calcul, en l'appliquant successivement à plusieurs chemins de fer, peut ainsi fournir des termes de comparaison utiles entre les exploitations de ces divers chemins.

Mais, s'il s'était agi uniquement, pour nous, de calculer les prix de revient que nous venons de déterminer, nous aurions pu le faire directement et très-simplement, en suivant la marche que nous allons indiquer.

Nous admettrons d'abord, (et nous reproduisons ici l'hypothèse d'où nous sommes parti, parce qu'elle forme la base fondamentale de tous nos calculs), que les waggons ou voitures de toute espèce, au lieu de porter une charge, tantôt forte, tantôt faible, tantôt complète, tantôt nulle, comme cela se passe par le fait et par la force des choses, ont constamment circulé *avec leur charge moyenne ;* cette charge moyenne étant d'ailleurs entendue et comprise, et devant s'apprécier comme il a été dit dans le cours de cet écrit.

Nous admettrons, en outre, que la dépense, par kilomètre de parcours, pour la traction et l'entretien du matériel, est la même pour tout waggon portant sa charge moyenne, quels que soient d'ailleurs son usage et son emploi, en distinguant seulement, comme toujours, les waggons qui marchent à grande vitesse, et ceux qui marchent à petite vitesse.

Cela posé, la dépense faite sur les chemins belges, en 1842, pour la locomotion et l'entretien du matériel, en ce qui concerne les convois de voyageurs, a été de 1 740 683 fr.

(*Voir* la note C à la suite du présent écrit.)

Le nombre des voitures et waggons qui, moyennant cette dépense, ont été roulés à un kilomètre de distance, ou, si l'on aime mieux, le nombre des kilomètres que, moyennant cette dépense, on a fait parcourir à un waggon unique, a été de. 9 676 314.

Le parcours sur un kilomètre d'un waggon appartenant aux convois de voyageurs, et portant sa charge moyenne, a donc coûté, pour la traction et l'entretien du matériel,

$$\frac{1\,740\,683}{9\,676\,314} = 0^{\text{fr}}.179\,891.$$

	kilom.
Or le parcours développé d'une voiture de voyageurs a été de.	7 312 813
Le parcours développé d'un waggon de bagages a été de	1 989 085
Le parcours développé d'un waggon de chaises de poste a été de.	339 314
Le parcours développé d'un waggon-écurie a été de. . .	35 102
Total pareil.	9 676 314

Et chacun de ces waggons et voitures ayant coûté, par kilomètre de parcours, o fr. 179 891, la dépense estimée par nature de transport s'est élevée (*m*) :

(*m*) Au lieu de faire intervenir tous les waggons avec leur charge moyenne, chacun pour une même part, ou pour *une part égale* dans les frais de la traction, ou pourrait, à la rigueur, les faire intervenir dans ces mêmes frais, chacun, pour *une part proportionnelle à son poids total*, c'est-à-dire aux poids réunis d'un waggon proprement dit et de la charge moyenne utile qu'il a transportée. On évaluerait ainsi, pour chaque nature de transport, le travail brut ou total, de même que l'on a apprécié le travail utile, et l'on se rapprocherait davantage de la vérité; mais on compliquerait sans grande utilité des calculs qui, tels que nous les présentons, nous paraissent, pour la pratique, suffisamment exacts.

Voir la note F. à la suite du présent écrit

Pour les voitures de voyageurs proprement dits, à   fr.
$$7\,312\,813 \times 0.179891 = \ldots \ldots \quad 1\,315\,509$$
Pour les waggons de bagages et articles de messageries, à
$$1\,989\,085 \times 0.179891 = \ldots \ldots \quad 357\,818$$
Pour les waggons de chaises de poste, à
$$339\,314 \times 0.179891 = \ldots \ldots \quad 61\,040$$
Pour les waggons-écuries, à $35\,102 \times 0.179891 = \ldots$ $6\,315$
Total comme ci-dessus, sauf l'erreur provenant des décimales forcées ou négligées . . . . $1\,740\,682$ fr.

Et le travail utile par nature de transport ayant été de :

104 877 075 voyageurs transportés à un kilomètre ;

1 711 780 tonnes de bagages et articles de messageries transportées à un kilomètre ;

208 460 chaises de poste transportées à un kilomètre ;

59 780 chevaux transportés à un kilomètre ;

Le prix de revient, par unité de trafic de chaque espèce, s'obtiendra en divisant la somme qui représente la dépense pour chaque nature de transports par le nombre d'unités de trafic que chaque nature de transports a données, et sera :

Pour les voyageurs de

$$\frac{1\,315\,509}{104\,877\,075} = 0^{fr}.01254.$$

Pour les bagages de

$$\frac{357\,818}{1\,711\,780} = 0^{fr}.20903.$$

Pour les chaises de poste de

$$\frac{61\,040}{208\,460} = 0^{fr}.29281.$$

Pour les chevaux de

$$\frac{6\,315}{59\,780} = 0^{fr}.10564.$$

La dépense faite sur les chemins belges, en 1842, pour la locomotion et l'entretien du matériel, en ce qui concerne les convois de marchandises, a été de 537 806 fr.

Le travail utile a été de 14 265 860 tonnes transportées à un kilomètre.

Le prix du transport d'une tonne à un kilomètre a donc été de

$$\frac{537\ 806}{14\ 265\ 860} = 0^{fr}.0377.$$

Chiffres identiques, aux dernières décimales près, à ceux auxquels nous sommes arrivé un peu plus longuement par notre premier mode de calcul.

Il résulte des calculs et des considérations que nous venons de présenter, que, si l'on entendait par *prix de transport* les frais de la traction et de l'entretien du matériel seulement, on pourrait dire que sur les chemins de la Belgique, année 1842, les prix des transports se sont élevés, à peu de chose près :

Pour un voyageur à un kilomètre, à. . . . $0^{fr}.01254$

Pour une tonne de marchandises à un kilomètre, à. . . . . $0^{fr}.0377$ (n)

Mais les prix réels des transports ne consistent pas seulement dans les frais de la traction et de l'entretien du matériel, il faut encore que la compagnie, qui exploite un chemin de fer, fasse, chaque année, les dépenses nécessaires à la réparation et à la surveillance de ce chemin, et à l'entretien du personnel qu'exigent le service de l'exploitation proprement dite, et l'administration générale d'une grande affaire; il faut, en outre, que cette compagnie retire l'intérêt des capitaux qu'elle a placés dans l'entreprise d'un chemin de fer, et ici la question se subdivise en plusieurs cas; en effet, la compagnie peut :

(n) Pour pouvoir comparer ces prix à ceux des transports sur les routes ou sur les canaux, il faudrait y ajouter l'intérêt du capital, représentant la valeur du matériel, machines et voitures, qui sert à opérer les transports; c'est ce que nous avons fait un peu plus loin dans la note (s)

1° Ou n'avoir fourni que le matériel de l'exploitation (c'est ce qui arriverait si l'on adoptait le système des baux à courts termes, proposés par quelques personnes, pour l'exploitation des lignes qui sont en ce moment soumises, en France, à l'examen des Chambres);

2° Ou avoir fourni ce matériel, et posé, en outre, les voies et tous leurs accessoires (c'est le cas où l'on appliquerait à nos différentes lignes le système de la loi du 11 juin 1842);

3° Ou avoir enfin exécuté tous les travaux, et fait toutes les dépenses relatives à la construction et à la mise en exploitation d'un chemin de fer (c'est le cas où l'on établirait tous les chemins d'après le mode employé pour la construction de ceux de Paris à Orléans et de Paris à Rouen).

Un chemin de fer et son matériel d'exploitation forment, par leur réunion, une grande machine, qui sert au transport des hommes et des choses.

Pour apprécier le prix du travail opéré par cette machine, il faut tenir compte, non-seulement des frais qu'exigent son mouvement, son entretien, sa réparation, mais encore des intérêts que doit évidemment produire le capital représentant sa valeur.

Or ce capital, pour la compagnie, varie dans chacune des hypothèses que nous venons de poser, et dès lors, ce qu'on peut appeler les frais de transport doit varier également.

Il s'agit donc, comme nous voyons, de s'entendre et de bien définir ce qu'on doit appeler *les frais de transport*.

Pour n'avoir pas à discuter cette question, nous admettrons, pour un instant, que des compagnies aient participé à l'exécution des chemins de fer belges; nous considérerons successivement chacune des trois hypothèses que nous venons d'énoncer, relativement à l'étendue de cette participation, et nous évaluerons, dans chacune de ces trois hypothèses, quels seraient les tarifs qu'il aurait fallu faire payer aux voyageurs et aux marchandises, sur les chemins belges, en 1842, pour que les compagnies eussent été couvertes de tous les frais que leur auraient occasionnés l'exploitation, l'entretien de la voie, et la locomotion, et pour qu'elles eussent retiré, en même temps, les intérêts à 5 p. 100 du capital engagé par elles dans l'affaire.

Remarquons que sur les chemins belges, en 1842, les frais relatifs au service de l'exploitation et à l'entretien de la voie équivalent ensemble, à peu près exactement, aux frais de locomotion et d'entretien du matériel (*o*).

Donc, pour couvrir tous les frais annuels qu'exige la complète exploitation d'une ligne de fer, c'est-à-dire les frais relatifs à la traction et à l'entretien du matériel, à la réparation et à la surveillance de la voie, au service de l'exploitation proprement dite et de l'administration générale, mais abstraction faite de tout intérêt des capitaux déboursés, soit pour la construction du chemin, soit pour l'acquisition du matériel, il eût fallu établir des tarifs équivalant au double des prix trouvés ci-dessus pour les frais relatifs à la traction et à l'entretien du matériel seulement, c'est-à-dire faire payer :

(*o*) Nous trouvons, en effet, que la dépense faite sur les chemins belges en 1842, pour la locomotion et l'entretien du matériel, a été (page XXXVI du compte rendu), de 2 351 708ᶠʳ.11

La dépense pour l'entretien du rail-way et des stations, a été de. 913 085.70

Et les dépenses pour la direction, l'inspection, les convois, etc.. de 1 435 533.27

Ensemble de. 2 348 618.97

Chiffre qui ne diffère de celui de 2 351 708 fr. 11 c.. relatif à la locomotion que de 3 089 fr. 14 c., différence évidemment insignifiante.

Il est à craindre que le chiffre relatif à l'entretien de la voie ne subisse, au bout de quelques années, de fortes augmentations, par suite de la nécessité où l'on sera de renouveler, au moins par partie chaque année, les matériaux qui entrent dans la composition de la voie.

Par voyageur transporté à 1 kilomètre :
$$2 \times 0.01254 = 0^{fr}.02508 ;$$
Par tonne de marchandises transportée à 1 kilomètre :
$$2 \times 0.0377 = 0^{fr}.07540.$$

On nous objectera, peut-être, que nous répartissons arbitrairement, entre les voyageurs et les marchandises, les dépenses relatives à l'entretien de la voie et au service général de l'exploitation, en les supposant, pour nos deux unités de trafic (comme nous le faisons ici tacitement), exactement proportionnelles aux frais de la locomotion et de l'entretien du matériel.

Nous répondrons qu'il nous eût été difficile de faire autrement, n'ayant pas à notre disposition les éléments nécessaires pour adopter un mode de calcul plus équitable, c'est-à-dire pour établir une exacte répartition des dépenses de l'exploitation et de l'entretien de la voie, entre le service des voyageurs, d'une part, et celui des marchandises, de l'autre. Nous croyons même que cette répartition sera toujours, sinon impossible, du moins très-difficile à faire.

On pourrait peut-être vouloir l'opérer proportionnellement aux montants des tarifs moyens perçus sur les chemins belges pour le transport d'un voyageur à 1 kilomètre, ou d'une tonne de marchandises à 1 kilomètre, et qui sont :

Pour le voyageur, de $0^{fr}.045$;
Pour la tonne de marchandises, de $0^{fr}.084$ (p).

(p) On trouve page xii du compte rendu, que les recettes totales du chef des voyageurs ont été, en 1842, de 4 676 064 fr. 65 c.

Et que ces voyageurs ont parcouru ensemble 104 877 075 kilomètres.

Ce qui donne pour la recette moyenne par kilomètre et par voyageur :
$$\frac{4\ 676\ 064^{fr}.65}{104\ 877\ 075} = 0^{fr}.045.$$

Pour le tarif moyen des marchandises, je n'ai pas sous la main les

Mais cette répartition nous semblerait complétement arbitraire, et sans fondement raisonnable; car il s'agit, ne l'oublions pas, de la dépense, et la depense est indépendante de la recette, et ne saurait varier avec des tarifs qui sont essentiellement modifiables, et qui peuvent être entièrement changés par une simple ordonnance ministérielle, ou, dans les compagnies, par la seule volonté d'un directeur de l'exploitation, ou d'un conseil d'administration.

Remarquons, cependant, que l'hypothèse que nous avons tacitement admise, en ce qui concerne la répartition des dépenses d'exploitation et d'entretien de la voie entre les marchandises et les voyageurs, semble fondée, pour ce qui regarde les dépenses de l'entretien et de la surveillance de la voie; car ces dépenses nous paraissent devoir être réparties par convoi (q).

Or, un convoi de marchandises ne porte (en Belgique du moins, et en 1842) que 39.85 tonnes, et un convoi de voyageurs porte l'équivalent de 118.61 voyageurs : d'où il suit que, pour la dégradation de la voie, en la supposant la même par chaque convoi, une tonne de marchandises produit le même effet, et doit, par conséquent, supporter la même dépense que trois voyageurs; or, c'est là, à peu de chose près, le rapport qui existe aussi

---

chiffres nécessaires pour le calculer pour l'année 1842 ; mais je trouve, pages 101 et 102 de l'ouvrage de M. Perrot, qu'il a été, en 1843, de 0fr..084, car 333 454 tonnes de grosses marchandises transportées à une distance moyenne de 80 kilomètres, ont produit 2 247 617fr..76 ; soit, par tonne et par kilomètre,

$$\frac{2\ 247\ 617^{fr}..76}{80 \times 333\ 454} = 0^{fr}..084.$$

(q) Un convoi de marchandises est plus long et plus lourd qu'un convoi de voyageurs ; mais il marche aussi avec une vitesse moindre; circonstance qui peut compenser, pour ce qui concerne la dégradation de la voie, son excédant de poids ; d'ailleurs, ce qui fatigue surtout la voie, c'est le passage des machines, et il y en a une dans un convoi de voyageurs comme dans un convoi de marchandises.

entre les frais de traction de la tonne et du voyageur.

Avant d'aller plus loin, et pour n'avoir pas à raisonner sur des nombres trop élevés, ramenons tous les chiffres de l'exploitation des chemins belges, à 1 kilomètre moyen de chemin exploité.

La longueur des chemins belges exploités pendant l'année 1842, a été de 396 kilomètres.

(*Voir* la page xxxiv du compte rendu.)

Ce qui donne par kilomètre de chemin exploité :

Pour les voyageurs proprement dits :

$$\frac{104\ 877\ 075}{396} = \dots\dots\dots \quad 264\ 841 \text{ voyageurs.}$$

Pour les objets voyageant avec les convois à grande vitesse et transformés en voyageurs :

$$\frac{33\ 904\ 773}{396} = \dots\dots\dots \quad 85\ 618$$

Total pour les voyageurs et objets équivalents. $350\ 459$ voyageurs.

On trouvera, de même, que la circulation des convois à petite vitesse a donné, par kilomètre de chemin exploité :

$$\frac{14\ 265\ 860}{396} = 36\ 024 \text{ tonnes.}$$

Et si nous assimilons l'unité de trafic pour marchandises à 3 unités de trafic pour voyageurs (*r*).

Le transport des marchandises, par kilomètre exploité, sera représenté par le chiffre, en voyageurs, de 108 072
Celui des voyageurs, et objets les accompagnant, est de 350 459

Le total des transports, par kilomètre exploité, pourra donc être représenté, en voyageurs, par le nombre. 458 531

Ces chiffres posés, les calculs qui nous restent à faire sont extrêmement simples.

(*r*) Cette assimilation, nous le répétons, est arbitraire; nous l'admettons jusqu'à ce qu'on nous en indique une plus équitable, ou jusqu'à ce qu'on nous fournisse des renseignements plus complets sur la répartition des dépenses entre les voyageurs et les marchandises.

En effet, si l'on veut évaluer les tarifs que l'on aurait dû adopter pour couvrir, outre tous les frais annuels de locomotion, d'entretien et d'exploitation, les intérêts du capital représentant le matériel, il suffira de remarquer que, sur les chemins belges, le capital représentant la valeur du matériel est, ou sera avant peu, par kilomètre de chemin exploité, de 40 000 fr., dont l'intérêt à cinq pour cent est de 2 000 fr.; et, pour que nos 458 531 unités de trafic rapportent 2 000 fr., il faut faire supporter, à chacune d'elles, un excédant de tarif de :

$$\frac{2\,000}{458\,531} = 0^{\text{fr}}.00436.$$

ou un excédant, par voyageur et par kilom., de $0^{\text{fr}}.00436$; et, par tonne de marchandises et par kilomètre, de :

$$3 \times 0.00436 = 0^{\text{fr}}.01308.$$

Ce qui porterait les tarifs par voyageur à :

$$0.02508 + 0.00436 = 0^{\text{fr}}.02944,$$

et par tonne de marchandises à :

$$0.07540 + 0.01308 = 0^{\text{fr}}.08848\ (s).$$

(s) Si l'on voulait, sous le point de vue théorique, comparer les frais de traction sur un chemin de fer avec les mêmes frais sur une route ordinaire, il faudrait supposer, pour un instant, que le chemin de fer est entretenu, surveillé et maintenu en parfait état de circulation par les soins et aux frais de l'État, comme le sont toutes les routes, et l'entrepreneur des transports sur le chemin de fer n'aurait à faire payer au commerce que les frais de traction proprement dits, et l'intérêt du matériel qu'il consacrerait au service de ses transports, ce qui porterait le prix en question, à

$$0.0377 + 0.01308 = \ldots\ldots\ldots\ldots 0^{\text{fr}}.05078,$$

pour une tonne de marchandises à un kilomètre, auquel prix il faudrait ajouter le bénéfice qu'un entrepreneur veut et doit faire, et les frais de chargement et de déchargement des marchandises. Si l'on voulait de comparer les mêmes frais à ceux qui ont lieu sur les canaux, il faudrait ajouter, aux prix ci-dessus, le montant des tarifs que l'on établirait, sans doute, sur les chemins de fer, comme ils existent sur les canaux, pour couvrir les dépenses de l'entretien et de la surveillance de la voie.

Si l'on veut maintenant évaluer les tarifs que l'on aurait dû adopter dans le système de la loi du 11 juin 1842, pour couvrir tous les frais et donner à la compagnie qui se serait chargée de l'exploitation, un intérêt de 5 pour 100 sur son capital, ou sur ses avances de fonds, on remarquera, d'abord, que ce capital eût été de 150 000 fr. environ, par kilomètre exploité (pour le matériel, la pose de la voie et les dépenses accessoires), dont l'intérêt à 5 pour 100 est de. . . . . 7 500 fr. et l'on reconnaîtra que, pour couvrir annuellement cette somme, il eût fallu faire supporter à chaque unité de trafic pour voyageurs, une augmentation de :

$$\frac{7\ 500}{458\ 531} = 0.01635.$$

et à chaque unité de trafic pour marchandises, une augmentation de :

$$3 \times 0.01635 = 0.04905 ;$$

ce qui aurait porté les tarifs :
par voyageur et par kilomètre, à

$$0.02508 + 0.01635 = 0^{\text{fr}}.04143 ;$$

et par tonne de marchandises et par kilomètre, à

$$0.07540 + 0.04905 = 0^{\text{fr}}.12445.$$

Si l'on veut enfin évaluer les tarifs qu'il aurait fallu adopter pour produire, outre les frais annuels de traction, d'entretien et de locomotion, l'intérêt à 5 pour 100 du capital déboursé pour l'entière exécution des chemins de fer et pour l'acquisition du matériel, capital que M. Perrot estime devoir s'élever, en fin de compte, pour les chemins belges, par kilomètre exploité, à 300 000 fr. dont l'intérêt à 5 pour 100 est de. . . . . 15 000 ;
Il faudra augmenter les tarifs nécessaires pour couvrir

simplement les frais annuels de toute l'exploitation, par voyageur et par kilomètre, de :

$$\frac{15\,000}{158\,531} = 0^{fr}.03270.$$

et par tonne de marchandises et par kilomètre, de :

$$3 \times 0.03270 = 0^{fr}.09810 ;$$

ce qui donnera pour les tarifs, par voyageur et par kilomètre :

$$0.02508 + 0.03270 = . \quad . \quad . \quad . \quad . \quad . \quad . \quad . \quad 0^{fr}.05778 ;$$

et par tonne de marchandises et par kilomètre :

$$0.07540 + 0.09810 = . \quad . \quad . \quad . \quad . \quad . \quad . \quad 0^{fr}.17350.$$

Il conviendrait peut-être de soulager un peu les marchandises, et de faire porter sur les voyageurs une part un peu plus forte des intérêts des capitaux déboursés; mais c'est là une question dont la solution nous paraît, je le répète encore une fois, complétement arbitraire, tant qu'on n'aura pas, pour la résoudre, des documents plus complets que ceux dont nous disposons aujourd'hui.

Nous n'avons tenu compte, dans nos calculs, que de l'intérêt du capital avancé par la compagnie; il y aurait lieu à prendre également en considération l'amortissement de ce capital : ce serait une addition nouvelle à introduire dans nos prix. Nous ferons remarquer que les prix admis pour l'entretien du matériel roulant, et tirés des marchés qu'a passés la compagnie de Rouen, comprennent le renouvellement de ce matériel, c'est-à-dire sa conservation à l'état neuf : il n'y a pas lieu, dès lors, pour cette partie de la dépense, d'avoir égard à un amortissement; mais il n'en est pas de même des autres frais de premier établissement qui auront pu être à la charge d'une compagnie : il faut évidemment qu'elle retire annuellement de son entreprise une part de revenu destinée à l'amortissement du capital qu'elle aura avancé ; il faut, dès lors, qu'elle augmente encore les tarifs que nous avons évalués plus haut, d'une quantité qui dépendra de la durée de sa concession, et du montant de son capital déboursé.

Si nous n'avons pas tenu compte de cet amortissement, c'est qu'il eût fallu pour cela introduire dans nos calculs de nouvelles hypothèses, qui les eussent trop compliqués ; nous laissons aux personnes qui peuvent avoir intérêt à examiner une question du genre de celle que nous venons de traiter, le soin de refaire nos calculs, pour chacune des hypothèses où elles voudront se placer. Notre principal but, en publiant cet écrit, a été de tracer la marche qu'il nous paraît convenable de suivre, pour arriver à déterminer exactement, pour chaque chemin, les prix de revient du transport d'un voyageur à 1 kilomètre, et d'une tonne de marchandises à 1 kilomètre.

Considérons maintenant l'exploitation des chemins de fer de la Belgique pendant l'année 1843.

Nous manquons de renseignements précis sur plusieurs parties de cette exploitation : nous prions, en conséquence, le lecteur de considérer les chiffres qui vont suivre, plutôt comme une application de notre mode de calcul à une hypothèse donnée, que comme le résultat pratique et positif de ce qui s'est passé sur les chemins de fer belges en 1843.

Dans une note D, placée à la suite de cet écrit, nous faisons connaître les chiffres que nous avons extraits des comptes rendus de l'exploitation des chemins de fer de la Belgique, et ceux que nous avons cru, faute de documents précis, pouvoir remplacer par des hypothèses résultant de quelques renseignements, que nous avons recueillis sur cette exploitation.

Des convois de voyageurs ou à grande vitesse sur les chemins de fer de la Belgique en 1843.

Le travail utile opéré par tous ces convois, ensemble, peut se résumer ainsi :

Unités de trafic pour voyageurs.	122 843 720
Unités de trafic pour bagages et articles de messageries.	3 024 560
Unités de trafic pour chaises de poste.	240 000
Unités de trafic pour chevaux.	136 000

Les parcours développés des convois de voyageurs, et des différentes espèces de voitures ou waggons qui y sont entrés, ont présenté les résultats suivants :

Parcours développé des convois (*t*)	1 396 485 kilomètres.
Parcours développé d'une voiture de voyageurs en confondant les trois classes.	kilom. 8 200 000
Parcours développé d'un waggon de bagages et d'articles de messageries.	2 020 000
Parcours développé d'un waggon de chaises de poste. .	400 000
Parcours développé d'un waggon-écurie.	80 000
Total du parcours d'une voiture ou d'un waggon appartenant aux convois de voyageurs.	kilom. 10 700 000

La dépense relative à la traction et à l'entretien du matériel, pour les convois de voyageurs, s'est élevée à. . . . . 1 968 583 fr.

En admettant toujours que les waggons, ou voitures de toute espèce dépendant des convois de voyageurs, au lieu de marcher avec une charge, tantôt forte, tantôt faible, tantôt complète, tantôt nulle, ont circulé constamment avec leur charge moyenne, et que la dépense pour la traction et l'entretien de chaque waggon, portant sa charge moyenne, quels que soient d'ailleurs sa charge et son emploi, est la même par kilomètre de parcours, nous aurons,

---

(*t*) Il vaudrait mieux donner ici le parcours développé des machines remorquant les convois, c'est-à-dire des machines, abstraction faite de celles qui circulent isolément.

pour le prix moyen de revient du parcours d'un waggon à un kilomètre :

$$\frac{1\ 968\ 585}{10\ 700\ 000} = 0^{fr}.1840. \qquad (^*)$$

Chacun des waggons et voitures entrant dans la composition des convois de voyageurs, ayant coûté par kilomètre de parcours. . . . . $0^{fr}.1840$

Il s'ensuit que la dépense, par nature de transport, peut être estimée ainsi qu'il suit :

Pour les voyageurs (*u*) 8 200 000 $\times$ 0.1840 = ... 1 508 800 fr.
Pour les bagages et articles de messageries :
    2 020 000 $\times$ 0.1840 = ... 371 680
Pour les chaises de poste : 400 000 $\times$ 0.1840 = ... 73 600
Pour les chevaux : 80.000 $\times$ 0.1840 = ... 14 720

Total de la dépense, comme ci-dessus, à la différence près provenant des décimales forcées ou négligées, 1 968 800 fr.

Et, en divisant la somme, qui représente la dépense afférente à chaque nature de transports, par le nombre des unités de trafic que chaque nature de transports a produites, nous aurons le prix de revient de chaque unité de trafic, savoir :

Par voyageur transporté à un kilomètre :

$$\frac{1\ 508\ 800}{122\ 843\ 720} = 0^{fr}.01228.$$

Par tonne de bagages ou d'articles de messageries, transportée à un kilomètre :

$$\frac{371\ 680}{3\ 024\ 560} = 0^{fr}.1223.$$

Par chaise de poste transportée à un kilomètre :

$$\frac{73\ 600}{240\ 000} = 0^{fr}.3067.$$

(*) *Voir* la note (*m*) plus haut.

(*u*) Rien ne serait plus simple que de distinguer ici les trois classes de voitures ; mais, nous le répétons, nous avons manqué à cet égard de renseignements.

Par cheval transporté à un kilomètre :

$$\frac{14\,720}{136\,000} = 0^{k}.1082.$$

Si l'on veut maintenant se procurer sur l'exploitation des chemins belges, en 1843, les détails que nous avons donnés pour l'exploitation de ces mêmes chemins en 1842, on les obtiendra par les calculs suivants :

1° On trouvera, d'abord, la charge moyenne de chaque espèce de waggon, en divisant le travail utile, opéré pour chaque nature de transports, par le parcours développé du waggon correspondant à la nature de transports que l'on considère.

Ainsi, le travail utile, en voyageurs, est de 122 843 720.

Le parcours développé du waggon de voyageurs est de 8 200 000 kilomètres.

La charge moyenne d'un waggon de voyageurs est donc de :

$$\frac{122\,843\,720}{8\,200\,000} = 14.976 \text{ voyageurs.}$$

La charge moyenne d'un waggon de bagages est de même de :

$$\frac{3\,024\,560}{2\,020\,000} = 1.497 \text{ tonne.}$$

La charge moyenne d'un waggon de chaises de poste est de :

$$\frac{240\,000}{400\,000} = 0.60 \text{ chaise de poste.}$$

La charge moyenne d'un waggon-écurie est de :

$$\frac{136\,000}{80\,000} = 1.70 \text{ cheval.}$$

2° Comme nous admettons que tout waggon avec sa charge moyenne doit entrer pour une même part dans les frais de la traction, nous devons, sous le rapport de la dépense, assimiler entre eux : 14 976 voyageurs, — ou 1.497 tonne de bagages, — ou 0.60 chaise de poste, — ou 1.70 cheval.

Et, par conséquent, une tonne de bagages équivaudra à

$$\frac{14.976}{1.497} = 10 \text{ voyageurs.}$$

Une chaise de poste équivaudra à

$$\frac{14.976}{0.60} = 24.96 \text{ voyageurs.}$$

Un cheval équivaudra à :

$$\frac{14.976}{1.70} = 8.81 \text{ voyageurs}$$

3° Et le travail utile, opéré par les convois à grande vitesse pour le transport des bagages et articles de messageries, des chaises de poste et des chevaux, pourra se transformer, ainsi qu'il suit, en unités de trafic pour voyageurs :

Bagages, etc. 3 024 560 × 10 = ...	30 245 600
Chaises de poste 240 000 × 24.96 = ...	5 990 400
Chevaux. . . . 136 000 × 8.81 = ...	1 198 160
Total, en unités de trafic pour voyageurs. . . .	37 434 160
Les voyageurs proprement dits ont d'ailleurs fourni .	122 843 720

Le total du travail utile, opéré par les convois à grande vitesse, en voyageurs ou objets équivalents, pourra donc être représenté, en unités de trafic pour voyageurs, par le nombre. 160 277 880

4° Et comme la dépense totale faite pour la traction et l'entretien du matériel des convois à grande vitesse est de. . . . . 1 968 583 fr. il s'ensuit que le prix de l'unité de trafic pour voyageurs, ou la dépense faite par voyageur et par kilomètre, est de :

$$\frac{1\,968\,583}{160\,277\,880} = 0^{fr}.01228.$$

et par tonne de bagages et par kilomètre, de

$$10 \times 0.01228 = 0^{fr}.1228 ,$$

et par chaise de poste et par kilomètre, de :

$$24.96 \times 0.01228 = 0^{fr}.3065 ,$$

et par cheval et par kilomètre, de

$$8.81 \times 0.01228 = 0^{fr}.1082$$

chiffres identiques, comme cela doit être, avec ceux auxquels nous sommes arrivé tout à l'heure d'une manière plus directe.

5° Si l'on veut avoir la composition d'un convoi moyen, on obtiendra le nombre des waggons de chaque espèce qui sont entrés dans ce convoi moyen, en divisant le parcours développé du waggon, correspondant à chaque nature de transport, par le parcours développé de tous les convois ensemble.

Ainsi, le nombre des voitures de voyageurs, qui sont entrées dans le convoi moyen, est de :

$$\frac{8\,200\,000}{1\,396\,485} = \ldots\ldots\ldots\ldots\ldots\ldots 5.872$$

Le nombre des waggons de bagages est de

$$\frac{2\,020\,000}{1\,396\,485} = \ldots\ldots\ldots\ldots\ldots\ldots 1.446$$

Le nombre des waggons de chaises de poste est de

$$\frac{400\,000}{1\,396\,485} = \ldots\ldots\ldots\ldots\ldots\ldots 0.286$$

Le nombre des waggons écuries est de

$$\frac{80\,000}{1\,396\,485} = \ldots\ldots\ldots\ldots\ldots\ldots 0.057$$

Total des waggons entrant dans le convoi moyen

$$\frac{10\,700\,000}{1\,396\,485} = \ldots\ldots\ldots\ldots\ldots\ldots 7.661$$

6° Puisque la dépense totale relative aux convois de voyageurs est de. . . . . 1 968 583 fr.

et que le parcours développé de ces convois est de ci. . . . . 1 396 485 kilomètres, le prix moyen par convoi et par kilomètre, de la traction et de l'entretien du matériel, est de :

$$\frac{1\ 968\ 583}{1\ 396\ 485} = 1^{fr}.40967.$$

Et, si nous admettons que l'entretien du matériel se paye sur les chemins belges comme sur le chemin de Paris à Rouen, les 7.661 voitures ou waggons, qui entrent dans le convoi moyen, coûteront, pour leur entretien (en supposant que ce convoi moyen se compose de 1.50 voitures de première classe, et de 6.161 voitures et waggons des diverses autres espèces), par kilomètre, $0^{fr}.1539$

Savoir :

			fr.
Pour les voitures de première classe. . .	1.50×0.0336	=	0 0504
Pour les autres voitures et waggons. . . .	6.16×0.0168	=	0.1035
Total pareil.			0.1539

Et le prix moyen par convoi et par kilomètre, pour la traction seulement, sera de :

$$1.40967 - 0.1539 = 1^{fr}.25577.$$

Ce prix de traction était, en 1842, de $1^{fr}.32360$.

Il y a donc eu amélioration notable dans ce service de 1842 à 1843.

7° La charge moyenne par convoi de voyageurs a été :

En voyageurs proprement dits, de

$$\frac{122\ 843\ 720}{1\ 396\ 485} = \quad\ldots\ldots\ldots\ldots\ 87^{v}.966$$

En objets équivalents, de

$$\frac{37\ 434\ 160}{1\ 396\ 485} = \quad\ldots\ldots\ldots\ldots\ 26^{v}.806$$

En totalité (voyageurs et objets équivalents), de

$$\frac{160\ 277\ 880}{1\ 396\ 485} = \quad\ldots\ldots\ldots\ldots\ 114^{v}.772$$

En divisant le prix moyen de la traction et de l'entretien du matériel, par convoi et par kilomètre, par la charge moyenne d'un convoi, on retombera sur la dépense relative à l'unité de trafic pour voyageurs,

$$\frac{1.40967}{114.772} = 0^{fr}.01228,$$

ce qui doit être.

(*Voir* la note F à la suite du présent écrit.)

Des convois de marchandises ou à petite vitesse sur les chemins de fer de la Belgique en 1843.

Le travail utile opéré par tous ces convois ensemble est de 27 943 120 unités de trafic pour marchandises, ou tonnes de marchandises transportées à un kilomètre.

Le parcours développé de tous ces convois ensemble est de. . . . . 477 695 kilomètres.

La dépense relative à la traction et à l'entretien du matériel, pour les convois de marchandises, s'est élevée à, ci. . . . . 680 414 fr.

Le prix d'une tonne de marchandises transportée à un kilomètre est donc de :

$$\frac{680\ 414}{27\ 943\ 120} = 0^{fr}.02435.$$

Et la charge moyenne d'un convoi est de

$$\frac{27\ 943\ 120}{477\ 695} = 58^t.495.$$

Le calcul est ici très-simple, parce que nous ne supposons qu'une seule nature de transport ; mais si l'on voulait, dans les convois de marchandises, distinguer le transport des bestiaux de celui des marchandises proprement dites, on aurait à faire, pour les convois à petite vitesse, des calculs analogues à ceux que nous avons présentés pour les convois à grande vitesse.

Avant d'aller plus loin, nous ramènerons les chiffres

exprimant la circulation qui a eu lieu sur les chemins belges en 1843, à un kilomètre moyen de chemin exploité.

Nous ferons remarquer, d'abord, que le prix du transport proprement dit n'étant, en 1843, pour une tonne de marchandises, que le double de ce qu'il est pour un voyageur, nous n'assimilerons la tonne de marchandises qu'à deux voyageurs ; le travail utile des convois à petite vitesse sera donc représenté en unités de trafic pour voyageurs par

$$2 \times 27\,943\,120 = \quad \dots \quad 55\,886\,240$$

Les voyageurs proprement dits sont représentés par . . . 122 843 720
Les objets circulant avec les voyageurs sont représentés par. 37 434 160

La circulation générale sur les chemins de fer belges, sera donc représentée, pour 1843, en unités de trafic pour voyageurs, par le chiffre. 216 164 120

Or, la longueur des chemins exploités en Belgique, pendant l'année 1843, est de 497 kilomètres ; la circulation moyenne par kilomètre sera donc représentée par

$$\frac{216\,164\,120}{497} = 434\,937 \text{ voyageurs.}$$

Les dépenses par kilomètre se sont élevées :

Pour la traction et l'entretien du matériel à. . . . . . 5 337.20 fr.
Pour l'entretien et la surveillance de la voie, l'exploitation et l'administration générale, à. 5 527.99

Différence 190.79

Pour 1842, les deux chiffres étaient à peu de chose près égaux ; ici il y a une différence en faveur des frais relatifs à la traction et à l'entretien du matériel.

Donc, pour couvrir tous les frais de l'exploitation, il faudra doubler les prix que nous avons trouvés pour la locomotion, et ajouter en sus, par unité de trafic pour voyageurs, la somme de

$$\frac{190^{fr}.79}{434\,937.} = 0^{fr}.00043.$$

Et par unité de trafic pour marchandises, la somme de :

$$2 \times 0.00043 = 0^{fr}.00086.$$

Nous trouverons ainsi pour les tarifs, qu'il eût fallu percevoir, en 1843, sur les chemins belges, pour couvrir uniquement les frais qu'ont nécessités la locomotion, l'entretien de la voie et l'exploitation,

Par voyageur et par kilomètre :

$$2 \times 0.01228 + 0.00043 = 0^{fr}.02499,$$

Par tonne de marchandises et par kilomètre :

$$2 \times 0.02435 + 0.00086 = 0^{fr}.04956.$$

Par le mode de calcul que nous adoptons, les dépenses relatives à l'entretien et à la surveillance de la voie, et à l'exploitation, se trouvent réparties, entre les voyageurs et les marchandises, dans le rapport qui existe entre les frais de locomotion, par voyageur et par tonne de marchandises ; et cela doit être, ce nous semble, en ce qui concerne les frais de l'entretien et de la surveillance de la voie, car il nous paraît juste de répartir ces frais par convoi. Or, un convoi de marchandises portant une charge moyenne de 58ᵗ.495, et un convoi de voyageurs, une charge moyenne équivalant à 114ᵛ.772, on voit qu'une tonne de marchandises doit supporter, à très-peu de chose près, la même part, dans les frais de l'entretien et de la surveillance de la voie, que 2 voyageurs ; or, c'est là aussi le rapport qui existe entre les frais de locomotion de la tonne de marchandises, d'une part, et du voyageur, de l'autre.

Nous pouvons résoudre de même les questions suivantes :

1° Quels sont les tarifs qu'il eût fallu percevoir, pour retirer, en sus de tous les frais annuels de l'exploitation, l'intérêt du capital représentant le matériel? Ce capital est supposé de 40 000 fr. par kilomètre, dont l'intérêt annuel, à 5 p. o/o, est de 2 000 fr.

Il eût donc fallu augmenter les tarifs ci-dessus,

Par voyageur, de :

$$\frac{2\ 000}{434\ 937} = 0^{fr}.0046,$$

Et par tonne de marchandises, de :

$$2 \times 0.0046 = 0^{fr}.0092,$$

Et ces tarifs seraient devenus :

Par voyageur et par kilomètre, de

$$0.02499 + 0.0046 = 0^{fr}.02959\ ;$$

Et par tonne de marchandises et par kilomètre, de :

$$0.04956 + 0.0092 = 0^{fr}.05876.$$

2° Quels sont les tarifs qu'il eût fallu percevoir, pour retirer, en sus de tous les frais annuels de l'exploitation, l'intérêt du capital représentant le matériel et la pose de la voie ? Ce capital est de 150 000 fr. par kilomètre, dont l'intérêt, à 5 p. o/o, est de 7 500 fr.

Il eût donc fallu augmenter les tarifs nécessaires pour couvrir tous les frais annuels de l'exploitation,

Par voyageur, de :

$$\frac{7\ 500}{434\ 937} = 0^{fr}.01725.$$

Et par tonne de marchandises, de :

$$2 \times 0.01725 = 0^{fr}.03450,$$

Et les tarifs seraient devenus,

Par voyageur et par kilomètre :

$$0.02499 + 0.01725 = 0^{fr}.04224,$$

Et par tonne de marchandises et par kilomètre :

$$0.04956 + 0,03450 = 0^{fr}.08406.$$

Ce sont là, à peu de chose près, les tarifs qui ont été

réellement perçus, en 1843, sur les chemins belges ; ces chemins ont donc dû rapporter environ 5 p. o/o du capital relatif à l'acquisition du matériel et à la pose de la voie, ou, si l'on remarque que ce capital n'est que la moitié du capital total déboursé, pour la construction du chemin et pour sa mise en exploitation, on peut dire que les chemins belges, en 1843, n'ont rapporté qu'environ 2 1/2 p. o/o du capital affecté à leur établissement.

3° Quels sont les tarifs qu'il eût fallu percevoir pour retirer, en sus de tous les frais annuels de l'exploitation, l'intérêt du capital employé à la construction du chemin et à sa mise en exploitation ? Ce capital est de 300 000 fr. par kilomètre, dont l'intérêt, à 5 p. o/o, est de 15 000 fr.

Il eût donc fallu augmenter les tarifs nécessaires pour couvrir tous les frais de l'exploitation,

Par voyageur, de :

$$\frac{15\ 000}{434\ 937} = 0^{fr}.03450,$$

Et par tonne de marchandises, de :

$$2 \times 0.03456 = 0^{fr}.06900 ;$$

Et les tarifs auraient dû être :
Par voyageur et par kilomètre, de :

$$0.02499 + 0.03450 = 0^{fr}.05949,$$

Et par tonne de marchandises et par kilomètre, de :

$$0.04956 + 0.06900 = 0^{fr}.11850.$$

Rappelons toujours que nous ne considérons ici que l'intérêt du capital qu'une compagnie aurait pu avancer, mais que nous faisons abstraction du revenu nécessaire à l'amortissement de ce capital.

Si l'on voulait, comme cela est évidemment juste, avoir égard à cet amortissement, il faudrait augmenter les tarifs ci-dessus d'une quantité, qui dépendrait, et du capital avancé par la compagnie, et de la durée de sa concession.

4

On peut maintenant établir, ainsi qu'il suit, la comparaison, par kilomètre de chemin exploité, de la circulation qui a eu lieu sur les chemins belges, pendant l'année 1842, et pendant l'année 1843.

On remarquera que la longueur totale des chemins exploités en Belgique, pendant l'année 1842, a été de 396 kilomètres, tandis qu'elle a été, en 1843, de 497 kilomètres.

(Voir page 61 de l'ouvrage de M. Perrot).

	CIRCULATION PAR KILOMÈTRE des chemins exploités en Belgique	
	pendant l'année 1842, sur 396 kilomèt.	pendant l'année 1843, sur 497 kilomèt.
Convois de voyageurs ou à grande vitesse.		
Voyageurs des trois classes de voitures.	264 841	247 170
Tonnes de bagages et articles de messageries.	4 322	6 045
Chaises de poste et voitures de toute espèce.	526	483
Chevaux.	151	273
Convois de marchandises ou à petite vitesse.		
Tonnes de grosses marchandises.	36 024	56 223

Il n'est pas possible de faire l'addition des chiffres renfermés dans les deux colonnes du tableau qui précède, puisque ces chiffres représentent des unités complétement différentes les unes des autres.

Si l'on voulait, cependant, représenter, par un chiffre unique et approximatif, la circulation totale qui a lieu sur un chemin de fer, on pourrait admettre, comme moyen grossier d'évaluation, les assimilations suivantes :

Une tonne de bagages et d'articles de messageries..   10 voyageurs
Une chaise de poste.   15
Un cheval.   6
Une tonne de marchandises à petite vitesse.   1

— 51 —

Remarquons que ces assimilations ne sont pas celles
qui ont été admises pour les *dépenses afférentes* à chaque
nature de transport ; quand il s'agit, en effet, de représenter par un chiffre unique la circulation générale qui a
lieu sur une ligne de fer, il n'y a pas de raison pour adopter les assimilations relatives à *la dépense*, plutôt que les
assimilations relatives à *la recette*, et il convient, alors,
d'admettre, pour ramener tous les transports à une seule
et même unité, des assimilations moyennes et pareilles
pour tous les chemins de fer.

Et, en acceptant les assimilations un peu arbitraires
que nous venons de poser, on pourra transformer le tableau
qui précède, ainsi qu'il suit, en ramenant tout à une unité
commune, qui est le voyageur :

	CIRCULATION PAR KILOMÈTRE, estimée en voyageurs, des chemins exploités en Belgique	
	pendant l'année 1842, sur 396 kilomét.	pendant l'année 1843, sur 497 kilomét.
Voyageurs proprement dits des trois classes de voitures.	264 841	247 170
Tonnes de bagages estimées en voyageurs, à 10 l'une.	43 220	60 450
Chaises de poste estimées en voyageurs, à 15 l'une.	7 890	7 245
Chevaux estimés en voyageurs, à 6 l'un.	906	1 638
Tonnes de marchandises à petite vitesse, estimées en voyageurs, à 2 l'une. . .	72 048	112 446
Totaux estimés en voyageurs. . . .	388 905	428 949

On voit que si, sur les chemins belges, de 1842 à 1843,
la circulation moyenne par kilomètre a augmenté consi-
dérablement pour les marchandises à grande et à petite
vitesse, elle a diminué pour les voyageurs ; ce qui s'explique naturellement, par l'addition aux 396 kilomètres

exploités en 1842, de 101 kilomètres de chemins probablement moins importants que les lignes qui ont été construites les premières.

Quant aux dépenses, toujours par kilomètre de chemin exploité, elles peuvent, pour les chemins belges, et pour les trois années de 1841, 1842 et 1843, se résumer ainsi qu'il suit (v) :

	DÉPENSES PAR KILOMÈTRE des chemins exploités en Belgique		
	pendant l'année 1841 sur 339 kilom.	pendant l'année 1842 sur 396 kilom.	pendant l'année 1843 sur 497 kilom.
Administration générale, exploitation proprement dite, entretien et surveillance de la voie.	fr. 5 864.98	fr. 5 945.87	fr. 5 527.99
Locomotion et entretien du matériel.	6 987.64	5 953.69	5 337.20
TOTAUX.	12 852.62	11 899 56	10 865.19

Il est assez difficile de déduire, des renseignements qui précèdent, une conséquence précise sur les dépenses que nécessite l'exploitation d'un chemin de fer : il faudrait, pour arriver à des conclusions rationnelles et générales, répéter, pour un grand nombre de chemins, les calculs que nous venons de présenter pour les chemins belges, et comparer ensuite entre eux les résultats de ces calculs.

C'est ce que, faute de documents suffisants, nous n'avons pas pu faire.

(v) Les chiffres que nous donnons pour les dépenses des chemins belges sont extraits, pour les années 1841 et 1842, du compte rendu du ministre, page XXXVI, et pour l'année 1843, du *Journal des chemins de fer* du 15 juin 1844.

Nous ne parlons pas ici des recettes, notre but unique étant, dans cet écrit, d'examiner la question des dépenses.

Nous nous permettrons donc, seulement, quelques réflexions générales sur ces dépenses.

Et d'abord, nous dirons qu'il conviendrait, dans les comptes rendus d'une exploitation, de donner le parcours développé des *machines employées à remorquer les convois*, et non, comme on le fait habituellement, celui des *convois eux-mêmes*.

On calculerait alors la charge moyenne que traîne une machine, au lieu de la charge moyenne que porte un convoi ; on évaluerait, de même, le prix moyen de la traction par *machine* et par kilomètre, au lieu de l'apprécier par *convoi* et par kilomètre, et l'on aurait, entre les exploitations des divers chemins de fer, des termes de comparaison plus réguliers et plus instructifs.

Ainsi, supposons que, sur un chemin, la charge moyenne des convois soit de 150 voyageurs, et que, sur un autre chemin, cette même charge moyenne soit de 100 voyageurs seulement ; admettons, en outre, que le service des machines se fasse au même prix sur les deux chemins, on sera porté à croire que les frais de traction, par kilomètre et par voyageur, ont été plus faibles sur le premier chemin que sur le second, et il pourra cependant en être tout autrement.

Et, en effet, si le premier chemin a exigé fréquemment l'emploi de deux machines pour la traction de ses convois, si même (j'exagère un peu mon hypothèse pour mieux faire comprendre ma pensée), il a exigé constamment l'emploi de deux machines, tandis que le second chemin n'en a jamais employé qu'une par convoi, il est évident que la charge moyenne de la machine n'aura été que de 75 voyageurs sur le premier chemin, tandis qu'elle aura été de 100 sur le second, et c'est sur ce second chemin que, contrairement aux apparences, le transport aura eu lieu au meilleur marché.

Ce qu'il importe d'augmenter, dans l'intérêt de l'économie des transports, c'est la charge moyenne des machines et non la charge moyenne des convois ; ce qu'il importe, dès lors, de faire connaître au lecteur, dans le compte rendu d'une exploitation, c'est le parcours développé des locomotives remorquant les convois, et non celui des convois eux-mêmes.

Il ne faudrait pas conclure des considérations qui précèdent, que le but *unique* d'une bonne exploitation doit être d'augmenter la charge moyenne des machines, et de réduire par là le plus possible le rapport entre les dépenses faites et les recettes obtenues ; la meilleure exploitation, au moins pour une compagnie, est celle qui donne la recette *nette* la plus forte. Or, pour augmenter cette recette, il faut, avant tout, attirer le public, satisfaire ses besoins, répondre à ses exigences, développer enfin son goût pour les voyages ; il faut, dans l'exploitation d'un chemin de fer, remplir cinq conditions principales : *sécurité, rapidité, exactitude, fréquence, et économie pour les voyageurs*, dans les moyens de déplacement qu'on leur offre.

Le secret d'une bonne exploitation est dans la conciliation de ces cinq conditions avec la dépense de locomotion la plus faible possible, c'est-à-dire avec la charge moyenne d'une machine la plus forte possible.

Il résulte des calculs que nous avons établis pour les chemins belges, en 1842 et en 1843, que la dépense pour la traction et l'entretien du matériel seulement, peut être évaluée moyennement, à peu de chose près, par voyageur transporté à un kilomètre, à 0^{fr}.0125, et par tonne de marchandises transportée à un kilomètre, à . . . . 0^{fr}.0300

Ces prix varieront-ils sensiblement d'un chemin à un autre ?

C'est une question sur laquelle l'expérience seule pourra prononcer.

Chaque exploitation s'arrangera, probablement, en réduisant convenablement le nombre de ses convois, pour faire habituellement remorquer à chaque machine une charge s'éloignant le moins possible de la charge normale, que cette machine est en état de traîner.

Mais, bien des circonstances, à charge moyenne égale d'ailleurs par machine, influeront sur le prix du transport : le prix et la qualité du coke, la quantité de coke consommée par kilomètre de parcours, la perfection des machines, l'habileté des mécaniciens, le profil et le tracé du chemin, l'état d'entretien de la voie, enfin, la bonne direction d'une entreprise, sont autant d'éléments qui exerceront sur les prix des transports une influence incontestable.

Il est donc difficile, pour ne pas dire impossible, de fixer ces prix de transport d'une manière précise et générale.

Occupons-nous maintenant des frais relatifs à l'administration de l'entreprise, à l'exploitation proprement dite de la ligne de fer, et à l'entretien et à la surveillance de la voie.

Quelques personnes sont d'avis que ces frais doivent être proportionnels à la longueur du chemin exploité, et indépendants de la circulation qui s'établit sur les voies, c'est-à-dire, par conséquent, doivent s'apprécier au moyen d'une somme fixe, par kilomètre de chemin exploité.

D'autres, au contraire, pensent que ces mêmes frais sont proportionnels à la circulation, et indépendants de la longueur du chemin exploité.

Jusqu'à ce que l'expérience ait résolu le problème, nous ne saurions accepter, pour l'appréciation des frais en question, ni l'une ni l'autre des deux règles que nous venons d'énoncer.

La longueur du chemin exploité doit influer sur la dépense, qu'entraînent l'administration générale, l'exploitation proprement dite, l'entretien et la surveillance de la voie ; mais ce n'est là qu'un premier élément de la question, et la circulation, qui s'établit sur les voies, est un second élément qu'il n'est évidemment pas permis de négliger.

Nous dirons, même, que, s'il fallait absolument, pour une appréciation grossière de cette dépense, opter entre l'une ou l'autre des deux règles que nous avons établies tout à l'heure, nous inclinerions pour la dernière.

En effet, l'entretien courant d'un chemin, qui consiste principalement dans le relèvement et le redressement des voies, est à peu près proportionnel à la circulation ; car c'est le passage des convois, surtout, qui déforme la voie, soit dans son niveau, soit dans son tracé (x).

Il en est à peu près de même de la surveillance ; on sera toujours disposé à l'exercer plus minutieusement, plus attentivement, et, par conséquent, plus chèrement, sur un chemin très-fréquenté que sur un chemin, où les convois ne se succèdent qu'à de longs intervalles ; et s'il n'est pas permis d'affirmer que les frais de surveillance seront

---

(x) Il est cependant une portion de la dépense de l'entretien qui semble devoir être plutôt proportionnelle à la longueur du chemin exploité qu'à la circulation générale, c'est celle qui concerne le renouvellement des matériaux, traverses, sabots, rails, chevillettes et coins, qui entrent dans la composition de la voie.

Nous n'avons pas parlé jusqu'ici de cette dépense, parce qu'on n'aura à s'en occuper que dans un certain nombre d'années ; nous croyons cependant devoir citer deux passages de l'ouvrage de M. Perrot, sur les chemins de fer belges, pour donner une idée de l'importance que cette portion de la dépense de l'entretien pourra un jour acquérir.

Voici ce que dit M. Perrot (*page* 43) :

« Les auteurs du premier projet (de la ligne de fer) avaient pensé
» qu'il serait possible, dans les terrains secs, dans les parties de route en
» remblai, d'employer des billes (ou traverses) en bois blanc, en réservant
» l'emploi des billes en chêne pour les terrains humides et les parties
» de routes en déblai. Cette tentative était extrêmement importante,
» puisque sa réussite devait procurer une énorme économie à l'admi-
» nistration, et assurer un débouché considérable à des bois qui réus-
» sissent bien partout, et n'ont qu'une très-mince valeur. Malheureuse-
» ment l'expérience s'est prononcée contre l'essai qui a été fait. L'économie
» projetée s'est transformée en un accroissement de dépenses, à cause

exactement proportionnels à la circulation, il est au moins certain que ces frais croîtront sensiblement avec cette circulation.

Nous sommes porté à étendre la même manière de voir aux frais de l'exploitation proprement dite.

En effet, des stations très-fréquentées par le public exigent, pour la délivrance et le contrôle des billets, pour la police des salles et de leurs abords, pour le factage et le camionnage des bagages et articles de messageries, pour le chargement et le déchargement des marchandises, un personnel plus nombreux et, par conséquent, des frais plus considérables que des stations peu suivies, où les voyageurs ne se présentent jamais en foule.

Et l'on peut dire, des dépenses de l'exploitation proprement dite, comme de celles de la surveillance, qu'elles augmenteront avec la circulation, sinon suivant un rapport constant, au moins dans une certaine proportion.

En attendant que des expériences, faites sur un grand nombre de chemins, permettent d'établir la règle d'après

---

» de la rapidité de la détérioration des billes en bois blanc; il semble
» même qu'on en soit arrivé à devoir essayer de remplacer jusqu'aux
» billes en chêne. L'administration étudie en ce moment la possibilité
» de l'emploi des billes en fer, rendu inoxydable par l'application d'un
» mastic. Il est à regretter qu'on ne se soit pas prononcé au début pour
» l'emploi exclusif du chêne, et il est fort à désirer qu'on puisse adopter
» le fer, nonobstant l'élévation de la première dépense, parce qu'il y
» aurait une large compensation dans la diminution des frais d'entre-
» tien. »

Et *page* 118 :

« Lorsque les chemins de fer seront terminés, il y aura environ trois
» millions de billes de placées, le coût moyen de la bille en chêne est,
» avec les frais de pose, de quatre francs; cette partie de la dépense
» s'élèvera par conséquent à douze millions. *L'on sait qu'il est impossible*
» *d'attendre des meilleures billes en chêne une durée de plus de douze ans;*
» c'est même une durée que n'auront pas la plupart des billes sur les-
» quelles repose actuellement la voie; il s'ensuit donc tout naturellement
» que si les expériences faites pour la substitution de billes en fer
» laminé aux billes en bois ne sont pas couronnées de succès, il faudra,
» dans un temps plus ou moins éloigné, porter chaque année au budget
» un million pour renouveler les billes. »

laquelle devront s'apprécier les dépenses de l'entretien et de la surveillance de la voie, d'une part, et de l'exploitation proprement dite, de l'autre, nous admettrons que toutes ces dépenses réunies représentent une somme égale aux dépenses relatives à la traction et à l'entretien du matériel (y), c'est-à-dire, par conséquent, que tous les frais annuels relatifs à la traction et à l'entretien du matériel, à l'exploitation proprement dite, à l'administration générale, à l'entretien et à la surveillance de la voie, seraient couverts en faisant payer, à peu de chose près :

Par voyageur et par kilomètre : 0^{fr}.025.

Par tonne de marchandises et par kilomètre : 0^{fr}.060.

Il s'agit ensuite d'augmenter ces prix ou ces tarifs de manière à produire :

1° Les intérêts du capital déboursé dans l'entreprise,

2° Et un revenu suffisant pour l'amortissement de ce capital.

Or, ici les systèmes à examiner, et les hypothèses à faire, se présentent en si grand nombre, qu'il est impossible de traiter la question d'une manière générale.

Remarquons, seulement, que la dépense pour le premier établissement d'un chemin de fer, et par suite l'intérêt du capital que cette construction représente, sont complétement indépendants de la circulation, qui doit plus tard s'établir sur les voies.

Pour déterminer de combien il y a lieu d'augmenter les tarifs, que nous venons d'établir, pour produire, en sus des frais annuels de toute espèce, une somme quelconque d'in-

---

(y) Ce n'est pas ici une règle que nous voulons établir, c'est un fait qui résulte des comptes rendus pour les chemins belges, en 1842; en 1841, la traction et l'entretien du matériel figurent pour plus de moitié dans la dépense totale: en 1843, au contraire, les mêmes frais de traction et d'entretien du matériel ne représentent pas la moitié de cette dépense totale. Notre mode de calcul n'est donc qu'un moyen d'approcher, tant bien que mal, de la vérité, moyen que nous employons, faute d'un meilleur.

térêt, il faudra purement et simplement diviser cette somme par le nombre des voyageurs qui auront été transportés à un kilomètre pendant une année de l'exploitation, (après avoir toutefois transformé en voyageurs, par les moyens que nous avons indiqués plus haut, les tonnes de marchandises, à grande et à petite vitesse, les tonnes de bagages et articles de messageries, les chaises de poste et les chevaux, que le chemin de fer aura transportés en même temps que les voyageurs proprement dits).

Or, le travail utile annuel d'un chemin de fer est si indéterminé (car il peut, d'une ligne à une autre, varier du simple au double, ou du simple au triple et même plus encore), que toute réponse générale, même approximative, à la question que nous traitons, est impossible.

Il en est de l'amortissement, bien entendu, comme de l'intérêt du capital déboursé : on ne peut calculer l'effet qu'il doit produire sur les tarifs, c'est-à-dire la quantité dont il doit les élever, que dans des circonstances particulières bien déterminées.

Nous terminerons là cet écrit. Si nous n'avons pas résolu avec plus de précision la question générale que nous nous étions posée, nous espérons, au moins, que le lecteur appréciera les causes qui nous en ont empêché.

Paris, juin 1844.

Note A.

Calcul du travail utile opéré, sur les chemins belges, par les convois de voyageurs, pendant l'année 1842.

Le nombre des voyageurs transportés à un kilomètre est (page XII du compte rendu) de 104 877 075

Les bagages et articles de messageries transportés avec les convois de voyageurs, dans le cours de l'année 1842 , forment un total de . . . . 24 454 tonnes.

Savoir, page 59 de l'ouvrage de M. Perrot :

Bagages proprement dits.	7 999 tonnes.
202 676 colis, du poids moyen de 17 k. 50 l'un (p. 101).	3 547
Marchandises de diligences ou articles de messageries.	12 908

Total pareil. 24 454

La distance moyenne du transport des marchandises est, d'après M. Perrot, page 108 , de 70 kilomètres.

Le nombre des tonnes de bagages et articles de messageries transportées à un kilomètre est donc de 24 454 × 70 = ... 1 711 780

Le nombre des chaises de poste transportées en 1842 sur les chemins belges est (page 54 de l'ouvrage de M. Perrot) de 2 978

la longueur moyenne de leur parcours est (page 108) de 70 kilomètres ; le nombre des chaises de poste transportées à un kilomètre est donc de 2 978 × 70 = ... 208 460

Le nombre des chevaux transportés en 1842, sur les chemins belges, est de 854 (page 59 de l'ouvrage de M. Perrot) ; la longueur moyenne de leur parcours (en adoptant, faute d'un renseignement plus précis, le parcours moyen des marchandises pour celui des chevaux, page 108 de M. Perrot) est de 70 kilomètres.

Le nombre des chevaux transportés à un kilomètre est donc de 854 × 70 = ... 59 780

Note B.

Du parcours développé de chacune des espèces de voitures et waggons qui sont entrées dans la composition des convois de voyageurs, sur les chemins belges (année 1842).

On lit (page 128 du compte rendu) que le nombre des convois de voyageurs, sur les chemins belges, a été , en 1842, de . . . . 20 207 Et que le nombre des voitures attelées dans ces convois a été de . . . . 167 144 La moyenne du nombre des voitures comprises dans un convoi de voyageurs a donc été de :

$$\frac{167\ 144}{20\ 207} = \quad . . . . \quad 8\ 27$$

Comme, d'ailleurs, le parcours développé des convois de voyageurs a été (page 183 du compte rendu) de 1 170 050 kilomètres, il s'ensuit que la circulation des voitures et waggons, entrant dans les convois de voyageurs, peut être représentée par une voiture unique, ayant parcouru :

$$8.27 \times 1\ 170\ 050 = 9\ 676\ 314 \text{ kilomètres.}$$

Il faudrait maintenant savoir, sur cette circulation, quelle est la part qui revient :

1º Aux voitures de voyageurs, et même à chacune des trois classes de ces voitures ;

2º Aux waggons de bagages ;

3º Aux waggons de chaises de poste ;

4º Aux waggons-écuries.

C'est un document que nous n'avons pas trouvé dans le compte rendu des chemins belges ; mais, d'après quelques renseignements que nous avons recueillis sur la composition ordinaire des convois de voyageurs, en Belgique, nous croyons pouvoir, sans nous écarter beaucoup de la vérité, admettre les chiffres suivants, et raisonner sur ces chiffres comme s'ils nous avaient été fournis par le compte rendu de l'exploitation des chemins belges.

	kilom.
Parcours développé d'une voiture de voyageurs.	7 312 813
Parcours développé d'un waggon de bagages.	1 989 085
Parcours développé d'un waggon de chaises de poste. . .	339 314
Parcours développé d'un waggon-écurie.	35 102
Parcours total comme ci-dessus.	9 676 314

Si ces chiffres ne sont pas parfaitement exacts, ce qui est probable, les erreurs commises ne sauraient, en tous cas, influer beaucoup sur le résultat final de nos calculs, puisque le total de 9 676 314 kilomètres, extrait du compte rendu, est exact, et que les erreurs ne peuvent porter dès lors que sur la répartition du parcours total entre les différentes espèces de voitures et de waggons.

Note C.

Du prix moyen de la traction par convoi et par kilomètre, et de la portion de la dépense totale applicable aux convois de voyageurs, d'une part, et aux convois de marchandises, de l'autre, sur les chemins de la Belgique en 1842.

La dépense totale pour la traction et l'entretien du matériel, sur les chemins de la Belgique, a été, en 1842, page xxxvi du compte rendu, de. . . . . 2 351 708 fr.

Il faut déduire de cette somme la dépense faite pour la traction des convois de sable employés à l'entretien de la voie, qui ont, dit le compte rendu, page 183, parcouru en-

À reporter. 2 351 708

Report. 2 351 708

semble une longueur développée de 61 075 kilomètres.
On peut estimer cette dépense par kilomètre, y compris
l'entretien du matériel, par analogie avec le marché de
Rouen, à 1 fr. 20 c., en remarquant que ces convois n'exigent généralement ni machines de secours, ni machines de
renfort, ni aucune des précautions qui sont nécessaires
pour le service des convois de voyageurs. On aura ainsi,
pour la dépense (≈) occasionnée par le service de la traction des sables, 61 075 × 1 fr. 20 = ...   fr.
73 290

Et il restera pour la dépense relative à la traction et à
l'entretien du matériel des convois de voyageurs et des convois de marchandises ensemble. 2 278 418

Calculons maintenant l'entretien du matériel et supposons
qu'il soit payé sur les chemins belges d'après les bases admises sur le chemin de Rouen.

Un convoi de voyageurs, composé moyennement de
8.27 voitures, a dû coûter par kilomètre de parcours en
supposant que sur ces 8.27 voitures, il y en ait 1.50 de première classe, et 6.77 de 2ᵉ et de 3ᵉ classes, de bagages, de
chaises de poste, et de chevaux, savoir :

Pour les 1.50 voitures de 1ʳᵉ classe : 1.50 × 0.0336 = 0.0504
Pour les 6.77 autres voitures et waggons :

$$6.77 \times 0.0168 = \quad \text{. . . . . } 0.1137$$

Total par kilomètre de parcours 0.1641

Et comme les convois de voyageurs ont parcouru ensemble
une longueur développée de 1 170 050 kilomètres, l'entretien du matériel qui est entré dans la composition de ces
convois a dû coûter : 1 170 050 × 0.1641 = 192 005 fr.

Un convoi de marchandises composé moyennement de 21.29 waggons, a dû coûter, par kilomètre de parcours : 21.29 × 0.0084 = 0.1788,
et comme les convois de marchandises ont parcouru ensemble une longueur développée de
357 965 kilomètres, l'entretien du matériel qui
est entré dans la composition de ces convois
a dû coûter : 357 965 × 0.1788 = ... 64 004

Total pour l'entretien du matériel des convois de voyageurs et des convois de marchan-
dises ensemble. 256 009   256 009

Et il restera pour la dépense de la traction proprement dite des convois de voyageurs et des convois de
marchandises réunis. 2 022 409

(≈) Cette dépense aurait dû, ce nous semble, figurer dans le chapitre :
Entretien de la voie, et non dans le chapitre : *Locomotion et entretien du
matériel.*

Or, en supposant maintenant, faute de documents plus précis, que la traction moyenne des convois de voyageurs a coûté le même prix que la traction moyenne des convois de marchandises, et remarquant que la longueur du parcours des deux espèces de convois est de :

$$1\,170\,050 + 357\,965 = 1\,528\,015 \text{ kilomètres},$$

il viendra, pour le prix moyen de la traction par kilomètre de convoi, soit de voyageurs, soit de marchandises :

$$\frac{2\,022\,409}{1\,528\,015} = 1 \text{ fr. } 323553, \text{ mettons } 1 \text{ fr. } 3236,$$

Et la dépense relative au service et à l'entretien de la locomotive sera :
Pour les convois de voyageurs ou à grande vitesse, de :
1 170 050 × 1.3236 = ... 1 548 678 fr.
Et pour les convois de marchandises ou à petite vitesse,
de : 357 965 × 1.3236 = ... 473 802

Total pareil, aux différences près provenant des décimales forcées ou négligées. . . . . 2 022 480 fr.

Et la dépense pour la locomotion et l'entretien du matériel applicable aux convois de voyageurs, sera :
Pour le service et l'entretien des machines, de.. . . . 1 548 678 fr.
Et pour l'entretien des voitures et waggons. 192 005

             Total. . . . . 1 740 683 fr.

Et la même nature de dépense applicable aux convois de marchandises ou aux convois à petite vitesse, sera :
Pour le service et l'entretien des machines, de. . . . . 473 802 fr.
Et pour l'entretien des waggons, de. 64 004

             Total. . . . . 537 806 fr.

Et le total général pour les convois de toute nature de la dépense relative à la locomotion et à l'entretien du matériel, sera
de 1 740 683 + 537 806 = ... 2 278 489 fr.
Au lieu du chiffre qu'on devrait trouver, de. 2 278 418

Différence insignifiante qui provient des décimales forcées ou négligées dans les calculs. . . . . 71 fr.

Note D.

De l'exploitation des chemins de fer de la Belgique pendant l'année 1843.

Le nombre des voyageurs qui ont circulé sur les chemins belges, en 1843, est de. 3 071 093
N'ayant pas la longueur moyenne de leur parcours, nous l'avons déduite du montant de la recette moyenne.

Ainsi, la recette moyenne, par voyageur, a été (*page* 82 de l'ouvrage de M. Perrot) de 1 f. 78 ; et, en 1842, elle avait été de 1 f. 72 pour un parcours moyen de 38 600 mètres ; ce qui suppose, à tarifs égaux, que le parcours moyen de 1843 a été d'environ 40 kilomètres, et le nombre des voyageurs transportés à un kilomètre aura ainsi été, en 1843, de 3 071 093 × 40 = 122 843 720. M. Perrot donne, page 101 de son ouvrage, pour les bagages et articles de messageries transportés avec les convois de voyageurs, un poids de 37 807 tonnes, dont le parcours moyen (page 102) a été de 80 kilomètres.

Total des tonnes de bagages et articles de messageries transportées à un kilomètre 37 807 × 80 = ... 3 024 560

Le nombre des chaises de poste transportées a été de 3 000, et la distance moyenne de leur parcours de 80 kilomètres.

Le nombre des chaises de poste transportées à un kilomètre est donc de 3 000 × 80 = ... 240 000

Le nombre des chevaux transportés a été de 1 700, qui, transportés à 80 kilomètres de distance moyenne, ont donné en unités de trafic pour chevaux : 1 700 × 80 = ... 136 000

Les grosses marchandises transportées par les convois à petite vitesse représentent, en y comprenant les bestiaux, un poids de 349 289 tonnes, dont le parcours moyen a été de 80 kilomètres.

Ce qui donne en unités de trafic pour marchandises à petite vitesse 349 289 × 80 = ... 27 943 120

La longeur du parcours total effectué par les convois de voyageurs a été de. 1 396 485

La longueur du parcours total effectué par les convois de marchandises a été de. 477 695

Soit ensemble. 1 874 180

Quant aux longueurs des parcours effectués par les voitures et les waggons des différentes espèces, nous ne les avons trouvées nulle part, et nous avons été obligé de les déduire par des appréciations, qu'il serait trop long de donner ici, de la charge moyenne *présumée* de chacune de ces espèces de voitures ou waggons ; ce sont des chiffres approximatifs.

La dépense totale pour la locomotion et l'entretien du matériel a été, pour l'année 1843, de. . . . . 2 652 588 fr.

Déduisant de cette somme les frais relatifs à des transports de sable que nous estimons à 1 fr. 20 par kilomètre, soit pour les 2 990 kil. parcourus par les convois de sable :

2 990 × 1 fr. 20 = ... 3 588 fr.

Reste pour la locomotion et l'entretien du matériel, pour les convois de voyageurs et les convois de marchandises ensemble. . . . . 2 649 000 fr.

Nous n'avons aucune donnée sur la composition des convois soit de voyageurs, soit de marchandises, et sur le nombre des voitures ou waggons qui ont pu entrer dans ces convois ; si nous supposons, pour un moment, que les frais sont les mêmes pour un convoi de voyageurs et pour un convoi de marchandises, et si nous nous rappelons que la longueur totale des parcours des convois de voyageurs et des convois de marchandises ensemble est de . . . . 1 874 180 kilomètres, nous aurons pour le prix par convoi et par kilomètre parcouru :

$$\frac{2\,649\,000}{1\,874\,180} = \dots\dots\dots\dots \quad 1^{fr}.4134$$

Mais nous avons cru nous rapprocher davantage de la vérité en mettant, pour 1843 (comme elle existait pour 1842), une petite différence entre le prix, par kilomètre parcouru, d'un convoi de marchandises, et le prix d'un convoi de voyageurs.

fr.

Nous avons porté le premier prix à. 1.42437
Et le second prix à 1.40967

Différence en 1843, comme en 1842. . . . . 0.01470

Et la dépense totale de la locomotion et de l'entretien du matériel sera :
Pour les convois de voyageurs de :

$$1\,396\,485 \times 1.40967 = \dots \quad 1\,968\,583\ \text{f}$$

Et pour les convois de marchandises, de :

$$477\,695 \times 1.42437 = \dots \quad 680\,414$$

Total comme ci-dessus, sauf l'erreur provenant des décimales négligées. 2 648 997

(Une partie de ces chiffres ont été pris dans le *Journal des chemins de fer* du 15 juin 1844.)

Note E.

Pour bien expliquer notre pensée, nous l'exprimerons d'une manière générale par la formule suivante :

Soient l, l', l'', l''' les longueurs en kilomètres des parcours développés : 1° d'une voiture de voyageurs ; 2° d'un waggon de bagages ; 3° d'un waggon de chaises de poste ; 4° d'un waggon-écurie.

Soient p, p', p'', p''' les charges moyennes utiles de chacune de ces quatre espèces de voitures ; ces charges moyennes étant exprimées en tonnes et en fractions de tonne.

Ainsi, si la charge moyenne utile de la voiture de voyageurs est de 15 personnes (le poids moyen d'une personne étant de 70 kilogrammes), p sera égal à 15×70, ou à 1050 kilogrammes, ou à. . . . . . . 1^t.050
On appréciera de même les poids p' p'' et p'''.

Soient q, q', q'', q''', les poids du matériel roulant ; c'est-à-dire les poids de chaque espèce de voiture ou waggon *à vide*, exprimés également en tonnes et fractions de tonne.

Les poids *bruts* ou *totaux* de chaque espèce de waggon seront représentés par :

$$p+q, \quad p'+q', \quad p''+q'', \quad p'''+q'''.$$

Le poids brut ou total d'un convoi, multiplié par la longueur de son parcours (en kilomètres), représentera ce que nous appellerons *le travail brut ou total du convoi*.

Et le travail *brut ou total* de tous les convois de voyageurs ensemble, que nous appellerons M, sera représenté par la formule :

$$M = l\,(p+q) + l'\,(p'+q') + l''\,(p''+q'') + l'''\,(p'''+q''')$$

Si nous désignons maintenant par A la dépense totale faite pendant une année sur un chemin de fer, pour la traction et l'entretien du matériel des convois de voyageurs, le prix de revient du transport à un kilomètre d'une tonne faisant partie du poids brut des convois de voyageurs et appartenant soit à la charge utile, soit au matériel roulant, sera de :

$$\frac{A}{M}$$

et la dépense afférente à chaque nature de transport sera

$$\text{Pour les voyageurs, de . .} \quad \frac{A}{M} \quad l(p + q).$$

$$\text{Pour les bagages, de . . .} \quad \frac{A}{M} \quad l'(p' + q') \text{ etc.}$$

Ayant ainsi réparti, entre nos diverses natures de transports, la dépense totale A, relative à la traction et à l'entretien du matériel, nous n'aurons plus qu'à diviser la part afférente à chaque nature de transports par le travail utile correspondant exprimé en unités de trafic ordinaires, et nous aurons le prix de revient de chaque espèce d'unités de trafic.

Ce mode de calcul serait rigoureusement exact si la force nécessaire au remorquage d'un waggon était exactement proportionnelle au poids total de ce waggon ; mais cette force varie aussi avec la forme du waggon et avec la résistance qu'oppose à son mouvement l'air atmosphérique, de manière que ce second mode de calcul laisse encore, théoriquement parlant, quelque chose à désirer ; nous préférons donc, comme plus simple et comme suffisamment exact dans la pratique, le mode de calcul que nous avons adopté dans le cours de cet écrit.

Ce dernier mode de calcul, et celui qui fait l'objet de la présente note, conduiraient à des résultats identiques, si le poids total de chaque espèce de waggon était exactement le même, c'est-à-dire si l'on avait :

$$p + q = p' + q' = p'' + q'' = p''' + q'''.$$

Or, en réalité, ces quatre quantités diffèrent généralement peu l'une de l'autre.

Note F.

En définitive, le mode de calcul que nous avons suivi pour arriver à déterminer exactement les éléments et les prix de la circulation sur un chemin de fer, peut se résumer ainsi :

Nous supposons d'abord que le compte rendu annuel de l'exploitation d'un chemin de fer nous fournit, en ce qui concerne le service des convois de voyageurs ou à grande vitesse, les renseignements suivants :

1° Le travail utile opéré pendant une année par tous ces convois ensemble, travail utile que nous représenterons :

Pour les voyageurs, par. t
L'unité étant un voyageur transporté à un kilomètre.

Pour les bagages et articles de messageries, par. . . . . t'
L'unité étant une tonne transportée à un kilomètre.

Pour les chaises de poste, par. . . . . t''
L'unité étant une chaise de poste transportée à un kilomètre.

Pour les chevaux, par. t'''
L'unité étant un cheval transporté à un kilomètre.

2° Les parcours développés l, l', l'', l''' ou la somme des parcours exprimés en kilomètres, de chaque espèce de voitures et de waggons.

3° Le parcours développé, en kilomètres, L, ou la somme des parcours (non des convois de voyageurs suivant l'usage ordinaire) mais des locomotives employées au remorquage de ces convois;

4° Enfin, la somme totale dépensée pour le service de la traction et l'entretien du matériel, en ce qui concerne les convois de voyageurs; somme que nous représenterons par A.

Ces renseignements nous étant donnés, nous en tirerons les conclusions suivantes :

1° La charge moyenne utile d'une voiture ou d'un waggon de chaque espèce est représentée :

Pour la voiture de voyageurs, par. . . . $\frac{t}{l}$ voyageurs.

Pour le waggon de bagages, par. . . . . . $\frac{t'}{l'}$ tonnes de bagages.

Pour le waggon de chaises de poste, par. . $\frac{t''}{l''}$ chaises de poste.

Pour le waggon-écurie, par. . . . . $\frac{t'''}{l'''}$ chevaux.

2° L'on doit, sous le rapport de la dépense, assimiler entre eux : $\frac{t}{l}$ voyageurs, ou $\frac{t'}{l'}$ tonnes de bagages, ou $\frac{t''}{l''}$ chaises de poste ou $\frac{t'''}{l'''}$ chevaux.

3° On peut donc dire que, sous le rapport de la dépense :

Une tonne de bagages équivaut à un nombre de voyageurs, représenté par $\frac{t}{l}$, divisé par $\frac{t'}{l'}$, ou par. . . . . $\frac{tl'}{t'l}$ voyageurs.

et une chaise de poste équivaut à . . . . $\frac{tl''}{t''l}$ voyageurs.

et un cheval équivaut à. . . . . $\frac{tl'''}{t'''l}$ voyageurs.

4° Le travail utile total opéré par les convois de voyageurs peut donc être exprimé, en voyageurs transportés à un kilomètre, par la formule

$$t + t' \times \frac{tl'}{t'l} + t'' \times \frac{tl''}{t''l} + t''' \times \frac{tl'''}{t'''l}$$

ou

$$\frac{t}{l} \cdot (l + l' + l'' + l'''),$$

expression indépendante de t', t'' et t''', ce qui doit être, comme on le concevra aisément en réfléchissant au mode d'assimilation que nous avons adopté.

5° Le prix du remorquage et de l'entretien d'un waggon, portant sa charge moyenne, est, par kilomètre, de

$$\frac{A}{l + l' + l'' + l'''} = a.$$

6° Et les dépenses afférentes à chaque nature de transports sont représentées par al, al', al'', al'''.

7° Et les prix des transports sont, par voyageur, par tonne de bagages, par chaise de poste et par cheval,

$$\frac{al}{t}, \quad \frac{al'}{t'}, \quad \frac{al''}{t''}, \quad \frac{al'''}{t'''}.$$

8° Le nombre des voitures et des waggons de chaque espèce qui sont entrés dans le convoi moyen (en appelant convoi l'ensemble des voitures et waggons que traîne une machine, c'est-à-dire que quand l'ensemble des voitures et waggons est remorqué par deux machines, on doit le compter pour deux convois) est exprimé par

$$\frac{l}{L}, \quad \frac{l'}{L}, \quad \frac{l''}{L}, \quad \frac{l'''}{L}.$$

9° En adoptant pour l'entretien du matériel roulant les prix établis sur le chemin de Paris à Rouen, et en désignant par λ le parcours développé d'une voiture de voyageurs de 1re classe, nous aurons, pour la dépense totale faite pour l'entretien du matériel :

$$\lambda \times 0.0336 + (l - \lambda + l' + l'' + l''') \times 0.0168 = B.$$

10° La dépense totale pour la traction proprement dite, c'est-à-dire pour le service et l'entretien de la locomotive, sera de A — B.

11° Et la dépense par kilomètre de parcours sera :

Pour la traction et l'entretien du matériel.. . . . . . . $\dfrac{A}{L}$

Pour l'entretien du matériel seulement. . . . . $\dfrac{B}{L}$

Pour la traction seulement. . . . . $\dfrac{A - B}{L}$

Enfin, si l'on veut se rendre compte du travail total opéré par les machines, on désignera par p, p', p'', p''', les poids (exprimés en tonnes) représentant les charges moyennes de chaque espèce de voiture et de waggon, et en admettant que le poids moyen d'un voyageur soit de 70 kilogrammes, de 0^t.070 ; que le poids moyen d'une chaise de poste avec sa charge soit de 2^t.500 : enfin, que le poids moyen d'un cheval soit de 0^t.300, on aura :

$$p = \frac{t}{l} \times 0^t.070, \quad p' = \frac{t'}{l'} \times 1, \quad p'' = \frac{t''}{l''} \times 2.500, \quad p''' = \frac{t'''}{l'''} \times 0.300.$$

et en appelant P le poids utile, exprimé en tonnes, du convoi moyen (en entendant le mot convoi comme nous venons de le dire tout à l'heure), on aura :

$$PL = pl + p'l' + p''l'' + p'''l''' ;$$

et en appelant q, q', q'', q''', les poids des voitures et waggons de chaque espèce considérés à *vide*, et Q le poids des waggons vides qui entrent dans le convoi moyen, on aura encore :

$$QL = ql + q'l' + q''l'' + q'''l''' ;$$

et enfin, on aura pour le travail total opéré par les convois de voyageurs :

$$(P + Q) L = (p + q) l + (p' + q') l' + (p'' + q'') l'' + (p''' + q''') l'''.$$

Avec des renseignements et des calculs analogues, on arrivera à déterminer, de même, les prix et les éléments de la circulation pour les convois de marchandises ou à petite vitesse.